1 Kartoffel – 50 Rezepte

AUTORIN: CORNELIA SCHINHARL | FOTOGRAF: JÖRN RYNIO

Praxistipps

Extra

Rezepte

Eine Knolle, die's in sich hat

Sie kann warme und kalte Beilage sein, sie lässt sich würfeln, stifteln und pürieren. Aber sie schmeckt nur, wenn sie eine gute Kartoffel ist. Und die will gefunden werden!

Vorbei sind die Zeiten, in denen man Kartoffeln nur nach ihren Kocheigenschaften (siehe rechts) gekauft hat: Heute ist meistens auch der Sortenname auf der Packung angegeben. Was aber nicht heißt, dass Kartoffeln einer Sorte immer gleich schmecken. Es kommt auch darauf an, in welchem Boden die Saatknollen gedeihen und unter welchen klimatischen Bedingungen. Es lohnt sich also, ein paar verschiedene Sorten von unterschiedlichen Anbietern auszuprobieren, bis man seinen Liebling gefunden hat. Wer sich dabei für Bio-Kartoffeln entscheidet, ist in der Regel gut beraten, denn fast alle Bio-Bauern legen neben dem ökologischen Anbau auch auf den Geschmack Wert. Außerdem wichtig für die Kaufentscheidung: Die Kartoffeln sollen trocken sein, eine glatte, feste Haut und keine Triebe haben.

Frühe oder späte Sorten?

Frühreife Kartoffeln kommen zum Teil schon rund 90 Tage nach der Aussaat auf den Markt. Fast immer haben sie wesentlich weniger Geschmack als mittelfrühreife und vor allem späte Sorten (bis 160 Tage Reifezeit), die mehr Stärke ausbilden konnten und weniger Wasser enthalten. Darum sind letztere auch diejenigen, die sich gut lagern lassen.

Vielseitig & gesund

Was ihre inneren Werte betrifft, kann die Kartoffel sich sehen lassen: Sie enthält hochwertiges Eiweiß wie etwa die essenzielle (lebensnotwendige) Aminosäure Lysin, reichlich Kalium, Calcium, Magnesium, Phosphor und Zink, dazu viel Vitamin C, einige Vitamine der B-Gruppe – und gerade mal 0,1 g Fett pro 100 g. Ganz zu unrecht wird die Kartoffel also gelegentlich als Dickmacher bezeichnet.

Lagern oder frisch kaufen?

Kartoffeln sollten immer dunkel, trocken und kühl (ideal: eine Temperatur um die 10°) gelagert werden. Kann man diese Bedingungen nicht bieten, besser kleine Mengen frisch kaufen und innerhalb von etwa 1 Monat aufbrauchen. Lagern Kartoffeln nämlich hell und warm, treiben sie aus und es bilden sich grüne Stellen, die Solanin enthalten. Ist es sehr kalt, verwandelt sich enthaltene Stärke in Zucker, und die Kartoffeln schmecken unangenehm süßlich.

Stichwort: Solanin

In den grünen Stellen der Kartoffeln, aber auch in ihrer Schale sitzt ein natürliches Pflanzengift, das Solanin. Dieses ist in größeren Mengen schädlich, in ganz hoher Dosis sogar tödlich. Vergiftungserscheinungen treten nach dem Verzehr von etwa 25 mg auf. Die Schale enthält pro 100 g allerdings gerade mal 3–7 mg. Man müsste also 350–850 g rohe Kartoffelschalen essen, um etwas zu spüren. Da sich beim Kochen etwa ein Drittel des Solanin im Kochwasser löst, kann man also ohne weiteres ab und zu Kartoffeln (am besten Bio!) samt Schale essen. Grüne Stellen werden beim Schälen oder später beim Essen entfernt. Und das Kochwasser der Kartoffeln weggießen.

Festkochende Sorten Sie heißen auch speckige Kartoffeln oder Salatkartoffeln und haben einen geringen Stärkegehalt. Deshalb bleiben sie beim Garen schön fest und die Schale platzt so gut wie nie auf. Weil sie beim Schälen und Schneiden gut zusammenhalten, sind sie ideal für Salate und zum Braten. Aber als Salz- oder Pellkartoffeln und für Gratins sind sie genauso beliebt. Bekannte Namen sind Nicola, Sieglinde und Linda. Auch alle frühen Sorten sind festkochend, oft aber etwas wässrig.

Festkochende Sorte

Vorwiegend festkochende Sorten Mit ihrem mittleren Stärkegehalt bleiben sie beim Garen nicht ganz so fest wie festkochende Karoffeln, sind aber trotzdem noch feucht. Dabei platzt die Schale nur manchmal auf. Diese Sorten sind besonders beliebt als Salz- oder Pellkartoffeln, eignen sich aber im Grunde für jede Zubereitungsart. Besonders ideal sind Agria, Christa & Co. für selbstgemachte Klöße, da sie weder zu fest noch zu weich sind.

Mehlige Sorte

Mehlig kochende Sorten Sie enthalten viel Stärke und platzen beim Garen oft auf. Weil sie so weich sind, eignen sie sich für „alles Cremige", z. B. Püree und Suppe. Mehlige Kartoffeln wie Adretta, Bintje oder Aula haben fast immer einen recht kräftigen Geschmack und lassen sich am längsten lagern.

Vorwiegend festkochende Sorte

Kartoffeln richtig garen und zubereiten

Ob Pell- oder Salzkartoffel, roh oder gegart gebraten, frittiert, püriert oder zu Teig verarbeitet – hier bekommen Sie die Kurzrezepte für alle Kartoffel-Grundzubereitungen.

Kochen/Dämpfen **Für Pellkartoffeln** 800–1000 g (vorwiegend) festkochende Kartoffeln (möglichst gleich groß) waschen. Im Topf knapp mit Wasser bedecken, zugedeckt in 20–30 Min. weich kochen. Abgießen und ausdampfen lassen. **Zum Dämpfen** Kartoffeln in einem Dämpfeinsatz über dem heißen Wasserdampf zugedeckt 25–30 Min. garen. **Für Salzkartoffeln** Kartoffeln schälen, waschen, grob würfeln, im Topf bis zur Hälfte mit Salzwasser bedecken und abgedeckt 10–15 Min. garen, abgießen.

Braten **Entweder:** 1 kg Pellkartoffeln (vom Vortag) pellen, in ½ cm dicke Scheiben schneiden. In je 1 EL Butter und Öl bei mittlerer Hitze 10 Min. braten. Salzen, 1 EL Butter zugeben, knusprig bräunen. Mit Aroma – Kartoffeln halbieren und mit 4 Rosmarinzweigen in Olivenöl braten. **Oder:** 1 kg rohe Kartoffeln schälen, waschen, 1 cm groß würfeln, in 2 EL Butterschmalz bei mittlerer Hitze in 15 Min. rösten.

Backen **Blechkartoffeln:** 1 kg vorwiegend festkochende Kartoffeln waschen, längs halbieren, mit den Schnittflächen nach unten aufs geölte Blech (mit Kümmel, Kräutern, Chilikrümeln) legen. Bei 200° (Mitte, Umluft 180°) 30 Min. backen. **Gratin:** 1 kg mehlige oder vorwiegend festkochende Kartoffeln schälen, waschen, fein hobeln, in eine feuerfeste Form schichten, salzen und pfeffern. 250 g Sahne und ⅛ l Milch angießen, 1 EL Butter in Flocken auflegen. Bei 200° (Mitte, Umluft 180°) 40 Min. backen.

Frittieren Für Pommes und Chips festkochende Kartoffeln schälen, waschen, in Stifte schneiden oder hobeln und gut trockentupfen, damit sie im heißen Fett nicht spritzen. Hoch erhitzbares Öl oder Pflanzenfett erhitzen, bis an einem eingetauchten Holzkochlöffelstiel viele Bläschen aufsteigen. Jetzt die Kartoffeln portionsweise frittieren – und zwar zweimal, damit sie schön knusprig werden: 3 Min. im Fett ausbacken, herausnehmen und auf Küchenpapier abfetten, dann noch mal 1–2 Min. frittieren.

Püree machen 1 kg mehlig kochende Kartoffeln schälen, würfeln und in Salzwasser weich kochen. ½ l Milch erhitzen, 2 EL Butter würfeln. Kartoffeln abgießen, im Topf mit einem Kartoffelstampfer zerdrücken. Butter unterrühren, Milch unterschlagen, mit Salz und Muskat würzen. Varianten: bis zu einem Drittel der Kartoffeln durch Kürbis, Knollensellerie, Äpfel, Steckrüben, Möhren oder Erbsen ersetzen.

Teig herstellen Mehlige oder vorwiegend festkochende Kartoffeln in der Schale weich kochen. Kurz ausdampfen lassen, heiß pellen und durch eine Kartoffelpresse drücken. Auf keinen Fall pürieren! Auf einem Arbeitsbrett ausbreiten, abkühlen lassen. Dann mit Mehl und eventuell Ei kurz, aber gründlich zu einem formbaren Teig verkneten – bei zu langem Kneten wird der Teig zäh. Der Teig soll weich sein, darf aber nicht an den Fingern kleben. Bei Bedarf noch etwas mehr Mehl unterarbeiten.

Gegen den kleinen Hunger

Denken Sie auch ab und zu an die Pommesbude, wo goldbraune Fritten locken, mit Mayo oder Ketchup? Aber das Schlemmen geht auch anders: denn mit einem feinwürzigen Aufstrich, knusprigen Crostini oder wie hier mit einem frischen Salat-Mix ist in puncto Imbiss einiges mehr geboten. Am besten gleich testen!

Feldsalat mit Kartoffeldressing

250 g festkochende Kartoffeln
je 150 g Feldsalat und Radicchio
½ Bio-Orange
2 TL Dijon-Senf | 1 TL Honig
1 EL Balsamico bianco
2 EL Sahne | 2 EL Olivenöl
Salz | Pfeffer

Für 4 Personen | 30 Min. Zubereitung
Pro Portion ca. 120 kcal, 2 g EW, 7 g F, 13 g KH

1 Kartoffeln waschen und ungeschält in Wasser zugedeckt bei mittlerer Hitze in 20–30 Min. weich kochen. Abgießen und kurz ausdampfen lassen.

2 Inzwischen den Feldsalat verlesen und den Radicchio zerpflücken, gut waschen und trockenschleudern. Die Radicchioblätter eventuell etwas kleiner zupfen. Salat auf vier Tellern verteilen.

3 Orangenhälfte heiß waschen und abtrocknen, die Schale fein abreiben, Saft auspressen. Beides mit Senf, Honig, Essig, Sahne und Öl gründlich verrühren und mit Salz und Pfeffer abschmecken. Die Kartoffeln pellen und sehr klein würfeln. Mit dem Dressing mischen und auf dem Salat verteilen.

VARIANTE – BLATTSALAT MIT KNUSPERKARTOFFELN
250 g gemischte Blattsalate waschen und trockenschleudern, große Blätter etwas kleiner zupfen. 1 ½ EL Apfelessig mit 1 TL Apfeldicksaft, 1 TL scharfem Senf, Salz, Pfeffer und 4 EL Kürbiskernöl verrühren. 300 g festkochende Kartoffeln schälen, waschen und knapp 1 cm groß würfeln. In einer großen Pfanne in 2 EL Öl bei mittlerer Hitze in etwa 10 Min. knusprig und weich braten. 2 EL Kürbiskerne kurz mitbraten. Die Blattsalate mit dem Dressing mischen, auf Tellern verteilen. Kartoffeln salzen und pfeffern und auf den Salat geben.

vielseitige Beilage | würzig-erfrischend

Kartoffelsalat mit Endiviensalatstreifen

Der Klassiker aus Süddeutschland – schmeckt zu Fleischpflanzerl und paniertem Fisch ebenso wie zum Leberkäse. Und statt Endiviensalat können auch mal Gurken dazu.

1 kg festkochende Kartoffeln
¼ l kräftige Fleisch- oder Gemüsebrühe
3 TL scharfer Senf
3 EL Weißweinessig
Salz | Pfeffer
5 EL Sonnenblumenöl
150 g Endiviensalat

Für 4 Personen | 50 Min. Zubereitung
Pro Portion ca. 265 kcal, 5 g EW, 13 g F, 30 g KH

1 Kartoffeln waschen und ungeschält in Wasser zugedeckt bei mittlerer Hitze in 20–30 Min. weich, aber nicht zu weich kochen. Abgießen und kurz ausdampfen lassen. Inzwischen für die Salatsauce die Brühe aufkochen. Mit dem Senf, 2 EL Essig, Salz, Pfeffer und 4 EL Öl mischen.

2 Die Kartoffeln pellen und in dünne Scheiben schneiden. Noch warm mit der Sauce mischen und lauwarm oder ganz abkühlen lassen.

3 Endiviensalat zerpflücken, waschen und trockenschleudern. Blätter in feine Streifen schneiden und mit dem übrigen Essig und Öl sowie etwas Salz und Pfeffer mischen. Vorm Servieren den Endiviensalat unter den Kartoffelsalat mischen, abschmecken.

AUSTAUSCH-TIPP

Statt dem Endiviensalat ½ Salatgurke schälen, in feine Scheiben hobeln, nur salzen und pfeffern und unter den Kartoffelsalat mischen. Salat kurz ziehen lassen.

TIPP – SALAT FÜR BUFFET UND PICKNICK

Da dieser Kartoffelsalat ohne Mayonnaise gemacht wird, eignet er sich gut zum Vorbereiten. Allerdings saugt er beim Stehenlassen einiges an Flüssigkeit auf, wird also trockner. Deshalb vor dem Servieren noch etwas Brühe und eventuell ein bisschen Essig untermischen. Und auf jeden Fall noch einmal abschmecken!

VARIANTE – KARTOFFELSALAT MIT ZITRONENMAYO

800 g festkochende Kartoffeln wie beschrieben garen. Gleichzeitig 250 g grüne Bohnen waschen, putzen und in Salzwasser in 8–10 Min. bissfest kochen, abschrecken. 1 sehr frisches Eigelb (Größe M) mit 1 TL scharfem Senf und 1 TL Zitronensaft cremig rühren. Zunächst tropfenweise, dann im dünnen Strahl 100 ml Raps- oder Olivenöl unterschlagen. Mit der abgeriebenen Schale von 1 Bio-Zitrone, Salz, Pfeffer und etwas Paprikapulver würzen. Kartoffeln pellen und in dünne Scheiben schneiden. 1 Bund Rucola waschen, trockenschütteln, grob hacken. Alles miteinander mischen, den Salat abschmecken.

VARIANTE – KARTOFFELSALAT MIT AVOCADO

800 g festkochende Kartoffeln wie beschrieben garen. 1 Bund Frühlingszwiebeln waschen, putzen und in Ringe schneiden. 2 Tomaten waschen und würfeln, dabei die Stielansätze herausschneiden. ½ Bund Koriandergrün waschen, trockenschütteln und fein hacken. 1 Avocado schälen und entsteinen, die Kartoffeln pellen, beides würfeln. Die fein abgeriebene Schale und den Saft von 1 Bio-Limette mit 50 ml Gemüsebrühe und 5 EL Öl verrühren, mit allen Zutaten mischen, Salat abschmecken. Nach Belieben mit Thunfisch aus der Dose garnieren.

aus Indien | würzig-aromatisch

Kartoffel-Pakoras

1 TL Koriandersamen
200 g Kichererbsenmehl (Asien- oder Bio-Laden)
1 TL Currypulver | Salz | 2 TL Öl
je 1 Bund Minze und Koriandergrün
1 Stück frischer Ingwer (etwa 2 cm)
250 g Joghurt | ½ TL gemahlener Kreuzkümmel
700 g festkochende Kartoffeln
750 g Fett zum Frittieren

Für 4 Personen | 50 Min. Zubereitung
Pro Portion ca. 400 kcal, 14 g EW, 16 g F, 49 g KH

1 Koriandersamen in einer kleinen Pfanne ohne Fett 1 Min. rösten, im Mörser zerstoßen. Mit Mehl, Curry und ½ TL Salz mischen. Knapp ¼ l Wasser und das Öl nach und nach mit dem Schneebesen unterrühren. Den Teig 30 Min. stehen lassen.

2 Inzwischen für die Sauce die Kräuter waschen, trockenschütteln und die Blättchen fein hacken. Ingwer schälen, würfeln und durch die Knoblauchpresse drücken. Beides mit dem Joghurt verrühren, mit Kreuzkümmel und Salz würzen.

3 Die Kartoffeln schälen, waschen und in gut 1 cm dicke Stifte schneiden. Das Fett in einem weiten Topf erhitzen. Kartoffeln nach und nach in den Teig rühren, mit einer Gabel herausfischen und in dem heißen Fett in etwa 4 Min. goldgelb frittieren. Mit dem Schaumlöffel herausheben und auf Küchenpapier abfetten lassen. Wenn alle Kartoffelstifte gebacken sind, mit der Sauce servieren.

UND DAZU?

Fladenbrot, am besten indische Chapatis.

feiner Imbiss | sehen hübsch aus

Würzige Kartoffelfächer

4 große oder 8 mittelgroße festkochende Kartoffeln (etwa 700 g)
4 große Knoblauchzehen oder 1 Stück frischer Ingwer (etwa 4 cm) | Salz | 50 g Butter
1 Bio-Zitrone | 1 Kästchen Gartenkresse
250 g Joghurt

Für 4 Personen
20 Min. Zubereitung | 50–60 Min. Backen
Pro Portion ca. 235 kcal, 5 g EW, 13 g F, 25 g KH

1 Den Backofen auf 180° vorheizen. Die Kartoffeln schälen und waschen. Auf einer Seite mit einem Messer im Abstand von knapp 1 cm bis auf 1 cm zum unteren Rand einschneiden. Die Kartoffeln nebeneinander in eine feuerfeste Form setzen.

2 Knoblauch oder Ingwer schälen und in dünne Scheiben schneiden. Jeweils 1 Scheibe in jeden Einschnitt der Kartoffeln stecken. Kartoffeln mit Salz bestreuen, die Butter in dünne Scheiben schneiden und darauf verteilen. Die Kartoffeln im Ofen (Mitte, Umluft 160°) in 50–60 Min. weich backen.

3 Die Zitrone heiß waschen und abtrocknen, die Schale fein abreiben. Kresse vom Beet schneiden. Beides mit dem Joghurt mischen, mit Salz würzen. Die Kartoffeln auf Tellern verteilen und jeweils mit etwas Zitronenjoghurt garnieren.

AUSTAUSCH-TIPP

Besonders edel sind die Kartoffelfächer mit Trüffeln. Die Kartoffeln nach dem Einschneiden nur salzen und mit Butter belegen, Knoblauch oder Ingwer weglassen. Dann nach dem Backen großzügig Trüffel darüberhobeln.

oben: Kartoffel-Pakoras | unten: Würzige Kartoffelfächer

gut zu Bier und Rotwein | machen Eindruck

Süßkartoffel-Chips

1 Bio-Limette | 2 Stängel Petersilie | 1 TL Koriandersamen | 1 EL mittelgrobes Salz (z. B. Maldon sea salt oder Fleur de sel) | 400 g Süßkartoffeln | 750 g Fett zum Frittieren

Für 4 Personen | 30 Min. Zubereitung
Pro Portion ca. 135 kcal, 1 g EW, 6 g F, 20 g KH

1 Die Limette heiß waschen und abtrocknen, die Schale fein abreiben. Die Petersilie waschen und trockenschütteln, Blättchen fein hacken. Koriander im Mörser mittelgrob zerdrücken. Salz zwischen den Fingern leicht zerreiben und mit den vorbereiteten Zutaten gut vermischen.

2 Die Süßkartoffeln schälen, waschen und in feine Scheiben hobeln. Das Fett in einem weiten Topf erhitzen. Kartoffelscheiben darin in zwei Portionen jeweils etwa 3 Min. frittieren. Mit dem Schaumlöffel herausheben, auf Küchenpapier abfetten lassen. Scheiben noch mal 3 Min. frittieren, abfetten lassen und mit dem Würzsalz in einer Schüssel mischen.

feine Vorspeise | ganz einfach

Kartoffel-Crostini

500 g möglichst dicke vorwiegend festkochende Kartoffeln | 2 EL Olivenöl | Salz | Pfeffer | 100 g Räucherlachs | 1 Bund Schnittlauch | 100 g Schmant | 1 TL Zitronensaft

Für 4 Personen | 20 Min. Zubereitung
Pro Portion ca. 225 kcal, 8 g EW, 14 g F, 16 g KH

1 Die Kartoffeln schälen, waschen und quer in gut 1 cm dicke Scheiben schneiden. In einer großen Pfanne das Öl erhitzen. Kartoffelscheiben darin bei mittlerer Hitze etwa 7 Min. braten. Salzen, pfeffern, wenden und noch einmal so lange braten.

2 Inzwischen den Lachs fein würfeln. Den Schnittlauch waschen, trockenschütteln und in Röllchen schneiden. Beides mit Schmant und Zitronensaft mischen und mit Salz und Pfeffer abschmecken.

3 Mit einem Messer prüfen, ob die Kartoffeln weich sind. Dann auf eine Platte legen, je 1 Klecks Lachsschmant daraufgeben und servieren.

Brotzeit aus Österreich | cremig-würzig

Erdäpfelkas

200 g vorwiegend festkochende Kartoffeln | 1 Frühlingszwiebel | 2 Gewürzgurken | 2 in Öl eingelegte Sardellenfilets | 1 hart gekochtes Ei (Größe M) | 50 g saure Sahne | 1 TL scharfer Senf | 1 EL Schnittlauchröllchen | 1 TL edelsüßes Paprikapulver | Salz

Für 4 Personen | 40 Min. Zubereitung
Pro Portion ca. 70 kcal, 3 g EW, 3 g F, 7 g KH

Die Kartoffeln waschen und ungeschält in Wasser zugedeckt bei mittlerer Hitze in 20–30 Min. weich kochen. Abgießen, kurz ausdampfen lassen, pellen und durch die Kartoffelpresse drücken. Lauwarm abkühlen lassen. Frühlingszwiebel waschen, putzen und fein schneiden. Gurken und Sardellen ebenfalls fein zerkleinern. Ei schälen, Eiweiß ablösen und klein würfeln. Eigelb mit der Gabel zerdrücken und mit Kartoffeln, saurer Sahne und dem Senf verrühren. Zerkleinerte Zutaten und den Schnittlauch unterrühren, Aufstrich mit Paprika und Salz würzen.

vegetarisch | leicht scharf

Kartoffel-Linsen-Creme

150 g vorwiegend festkochende Kartoffeln | 1 Schalotte | 2 Knoblauchzehen | 3 EL Olivenöl | 50 g rote Linsen ¼ l Gemüsebrühe | ¼ Bund Koriandergrün | ½ rote Chilischote | ½ Bio-Zitrone | Salz

Für 4 Personen | 30 Min. Zubereitung
Pro Portion ca. 135 kcal, 4 g EW, 8 g F, 12 g KH

Die Kartoffeln schälen, waschen und klein würfeln. Die Schalotte und den Knoblauch schälen und fein hacken, in 1 EL Öl mit den Kartoffeln andünsten. Linsen dazugeben und kurz mitdünsten. Brühe angießen, aufkochen und alles bei schwacher Hitze zugedeckt in etwa 20 Min. weich kochen. Koriander waschen und trockenschütteln, die Blättchen mit der Chili fein hacken. Zitrone heiß waschen und abtrocknen, die Schale fein abreiben, 2 TL Saft auspressen. Kartoffel-Linsen-Mischung mit übrigem Öl fein pürieren und lauwarm abkühlen lassen. Alle übrigen Zutaten untermischen, mit Salz würzen.

Klassisch gut

An Lieblingsrezepte aus der Kindheit erinnern wir uns gerne. Und es soll sie immer wieder geben – fast wie früher bei Muttern, aber manchmal vielleicht doch mit dem gewissen Extra aufgepeppt. Etwa mit einer raffinierten Sauce serviert oder mit einem feinen Gewürz aromatisiert wie bei dieser Suppe.

Kartoffelsuppe mit Paprika-Croûtons

600 g mehlig kochende Kartoffeln
1 Bund Suppengrün | 1 Zwiebel
3 EL Butter | 1 ¼ l Gemüse- oder Fleischbrühe
Salz | Pfeffer | frisch geriebene Muskatnuss
4 Scheiben Toastbrot
je 1 TL rosenscharfes und edelsüßes Paprikapulver

Für 4 Personen | 35 Min. Zubereitung
Pro Portion ca. 245 kcal, 6 g EW, 8 g F, 33 g KH

1 Die Kartoffeln schälen, waschen und in kleine Würfel schneiden. Das Suppengrün und die Zwiebel putzen oder schälen und ebenfalls klein schneiden.

2 Im Suppentopf 1 EL Butter schmelzen. Suppengrün und Zwiebel darin andünsten. Kartoffeln kurz mitgaren, dann mit der Brühe aufgießen. Suppe zugedeckt bei schwacher Hitze etwa 20 Min. köcheln lassen, bis Kartoffeln und Gemüse weich sind. Suppe im Topf fein pürieren. Mit Salz, Pfeffer und Muskat abschmecken und warm halten.

3 Toast entrinden und würfeln. Übrige Butter in einer Pfanne bei mittlerer Hitze zerlassen. Brot darin unter Rühren knusprig braten. Mit Paprika und Salz würzen. Suppe in Teller schöpfen, mit den Croûtons bestreuen. Butter aus der Pfanne darüberträufeln.

VARIANTEN
Dieses (Grund)Rezept für Kartoffelcremesuppe kann statt mit Croûtons auch anders aufgepeppt werden: 3 EL knusprige Speckwürfel oder 2 Paar Wiener Würstchen in Scheiben untermischen. Eine ganz andere Note erhält die Suppe mit etwas frisch geriebenem Meerrettich und 1 Klecks saurer Sahne. Oder mit 3–4 EL gerösteten Kürbiskernen, 3 EL Kürbiskernöl und etwas fein abgeriebener Bio-Orangenschale. Ganz edel: Trüffelspäne aufstreuen.

gelingt leicht | der Salat lässt sich gut vorbereiten

Kartoffelpuffer mit Apfel-Matjes-Salat

Klassisch gibt es sie mit Sauerkraut oder Apfelmus – wer diese neue Variante probiert hat, ist schnell überzeugt, dass die knusprigen Puffer auch anders sehr fein schmecken!

Für den Salat
2 säuerliche Äpfel (etwa 350 g)
1 EL Zitronensaft
1 Bund Frühlingszwiebeln
400 g Matjesfilets (etwa 3 doppelte)
200 g saure Sahne
2 TL scharfer Senf
Salz | Pfeffer
Für die Puffer
1 kg mehlig kochende Kartoffeln
Salz | Pfeffer
3 EL Butterschmalz

Für 4 Personen | 1 Std. Zubereitung
Pro Portion ca. 570 kcal, 22 g EW, 36 g F, 39 g KH

1 Für den Salat die Äpfel vierteln, schälen, entkernen und in kleine Würfel schneiden. Mit dem Zitronensaft mischen. Frühlingszwiebeln waschen, putzen und mit dem knackigen Grün in feine Ringe schneiden. Die Matjesfilets von den Schwänzen und den Grätenresten befreien und klein würfeln. Saure Sahne mit Senf verrühren. Äpfel, Zwiebeln und Matjes untermischen und den Salat mit Salz und Pfeffer abschmecken.

2 Für die Puffer die Kartoffeln schälen, waschen und auf einer Küchenreibe fein in eine Schüssel reiben (Bild 1). Die Flüssigkeit, die sich dabei bildet, gut abgießen. Kartoffeln in ein Sieb geben und mit den Händen leicht ausdrücken (Bild 2). Mit Salz und Pfeffer würzen.

3 Schmalz in zwei großen Pfannen erhitzen. Kartoffelmasse als Häufchen in die Pfanne setzen, flach streichen und bei mittlerer Hitze 4–5 Min. braten, bis die Unterseite knusprig ist. Wenden, noch mal so lange braten. Mit dem Salat servieren (Bild 3).

VARIANTE – KARTOFFEL-SAUERKRAUT-PUFFER

600 g mehlig kochende Kartoffeln schälen, waschen, reiben. 1 große Zwiebel schälen, fein würfeln. 300 g Sauerkraut mittelgrob hacken. Diese Zutaten mit 1 TL Kümmelsamen (nach Belieben), 1 Ei (Größe M) und 4 EL Mehl mischen. Mit Salz, Pfeffer und 1 TL edelsüßem Paprikapulver würzen. Wie beschrieben Puffer in Butterschmalz braten. Mit Apfelschmant servieren: 1 säuerlichen Apfel vierteln, schälen, entkernen, fein reiben. Mit 200 g Schmant, 1 Bund Schnittlauch in Röllchen und 1 TL geriebenem Meerrettich verrühren und salzen.

VARIANTE – KARTOFFEL-KRÄUTER-PUFFER

600 g mehlig kochende Kartoffeln schälen, waschen, reiben. 1 Stange Lauch waschen, putzen und in schmale Streifen schneiden. Je ¼ Bund Petersilie und Thymian waschen und trockenschütteln, Blättchen fein hacken. 2 Knoblauchzehen schälen, 1 Chili waschen und entstielen, beides fein hacken. Alles mit 1 Ei (Größe M) und 2 EL Mehl mischen, mit Salz und 1 TL fein abgeriebener Bio-Orangenschale mischen. Wie beschrieben Puffer in Butterschmalz braten.

GUT ZU WISSEN

Wer die Puffer nacheinander in einer Pfanne brät, hält die fertigen auf einer Platte offen im Ofen bei 70° warm.

1

2

3

frühlingsfrisch | vegetarisch

Folienkartoffeln mit Radieschenquark

8 mehlig kochende oder vorwiegend festkochende Kartoffeln (je etwa 180 g, möglichst gleich groß) | 2 EL Butter
3 TL mittelgrobes Salz (z. B. Fleur de sel)
1 TL Kümmelsamen
1 großes Bund Radieschen
1 Bund Schnittlauch | 500 g Topfen
100 g saure Sahne | 1 EL süßer Senf
Salz | Pfeffer

Für 4 Personen
20 Min. Zubereitung | 1 Std. Backen
Pro Portion ca. 405 kcal, 23 g EW, 14 g F, 48 g KH

1 Backofen auf 220° vorheizen. Die Kartoffeln gut waschen, abtrocknen und mit einem Zahnstocher rundherum mehrmals einstechen. Acht Stücke Alufolie ausbreiten (glänzende Seite nach oben). Die Butter schmelzen und Salz untermischen, jeweils die Mitte der Folienstücke damit einstreichen. Je 1 Kartoffel darin einpacken und auf den Rost legen. Im Ofen (Mitte, Umluft 200°) etwa 1 Std. backen.

2 Den Kümmel ohne Fett in einer Pfanne etwa 1 Min. rösten, dann im Mörser grob zerstoßen. Die Radieschen waschen, putzen und grob raspeln. Schnittlauch waschen, trockenschütteln und in Röllchen schneiden. Alles mit Topfen, saurer Sahne und Senf verrühren, mit Salz und Pfeffer würzen.

3 Kartoffeln aus der Folie wickeln, kreuzweise einschneiden und leicht aufdrücken. Auf Teller legen und die Butter aus der Folie darüberträufeln. Mit dem Quark servieren.

gelingt leicht | vegetarisch

Ofenkartoffeln mit Paprika und Schalotten

800 g festkochende Kartoffeln
2 rote Paprikaschoten
200 g Schalotten
4 EL Olivenöl | Salz
1 Stück Bio-Zitronenschale (etwa 3 cm)
je 1 Zweig Rosmarin und Salbei
2 Knoblauchzehen
Pfeffer

Für 4 Personen
30 Min. Zubereitung | 35 Min. Backen
Pro Portion ca. 230 kcal, 5 g EW, 10 g F, 29 g KH

1 Backofen auf 180° vorheizen. Die Kartoffeln gut waschen oder schälen und längs halbieren. Paprika putzen, waschen und in etwa 1 ½ cm breite Streifen schneiden. Schalotten schälen und ganz lassen.

2 Kartoffeln, Paprika und Schalotten mit 2 EL Öl und Salz in einer feuerfesten Form oder auf dem Backblech mischen und im Ofen (Mitte, Umluft 160°) etwa 30 Min. backen, bis sie weich werden. Dabei zwischendurch einmal umrühren.

3 Die Zitronenschale fein hacken. Kräuter waschen und trockenschütteln, die Blättchen fein schneiden. Knoblauch schälen und durchpressen. Alles mit dem übrigen Öl und Pfeffer mischen, auf Kartoffeln und Gemüse verteilen und weitere 5 Min. backen.

UND DAZU?

Wer gerne vegetarisch isst, serviert dazu einen bunt gemischten Salat. Sehr gut schmecken aber auch rosa gebratene Lammkoteletts.

links: Folienkartoffeln mit Radieschenquark | rechts: Ofenkartoffeln mit Paprika und Schalotten

lässt sich gut vorbereiten | preiswert

Schupfnudeln mit Spitzkohl

Heute gibt es goldbraune Kartoffelnudeln mit saftigem Kraut, das aus frischen Kohlstreifen zubereitet wird, die schnell gar sind und bestens mit den Nudeln harmonieren.

800 g mehlig kochende Kartoffeln
150 g Mehl
1 Ei (Größe M) | 1 Eigelb (Größe M)
Salz | frisch geriebene Muskatnuss
1 Spitzkohl (etwa 750 g) | 1 große Zwiebel
4 EL Butterschmalz | 1 TL Kümmelsamen
1 TL Zucker | 1 TL edelsüßes Paprikapulver
Pfeffer

Für 4 Personen | 1 Std. 15 Min. Zubereitung
20–30 Min. Kochen | 1 Std. Trocknen
Pro Portion ca. 410 kcal, 13 g EW, 14 g F, 56 g KH

1 Kartoffeln waschen und ungeschält in Wasser zugedeckt bei mittlerer Hitze in 20–30 Min. weich kochen. Abgießen, kurz etwas ausdampfen lassen und pellen. Noch heiß durch die Kartoffelpresse auf ein Küchenbrett drücken. Auskühlen lassen.

2 Dann Mehl, Ei und Eigelb mit 2–3 TL Salz und etwas Muskat dazugeben und alles rasch, aber gründlich zu einem geschmeidigen Teig verkneten. Nicht zu lange kneten, sonst wird der Teig zäh. Ist er zu feucht, noch etwas Mehl zugeben.

3 Den Teig halbieren und jede Hälfte auf der bemehlten Arbeitsfläche zu Rollen von 2 cm Ø formen. Etwa 1 cm breite Stücke abschneiden und zu fingerlangen Rollen formen, die am Ende spitz zulaufen.

4 In einem großen Topf reichlich Salzwasser zum Kochen bringen. Die Schupfnudeln nacheinander in vier Portionen ins Wasser geben und bei mittlerer Hitze etwa 2 Min. darin köcheln lassen. Mit dem Schaumlöffel herausheben, kurz kalt abschrecken und auf einem Küchentuch 1 Std. trocknen lassen.

5 Dann den Kohl waschen, putzen, vierteln und in 1 cm breite Streifen schneiden. Zwiebel schälen, vierteln und ebenfalls in Streifen schneiden. In zwei großen Pfannen je 1 EL Butterschmalz erhitzen. Die Schupfnudeln darin bei mittlerer Hitze rundherum in etwa 8 Min. knusprig braten.

6 Gleichzeitig das übrige Butterschmalz in einem großen Topf erhitzen. Zwiebel und Kohl mit Kümmel und Zucker dazugeben und bei mittlerer Hitze unter Rühren in etwa 8 Min. bissfest braten. Mit Salz, Paprika und Pfeffer würzen. Die Schupfnudeln untermischen und gleich servieren.

VARIANTE – SÜSSE MOHNNUDELN

800 g mehlig kochende Kartoffeln wie beschrieben garen, durchpressen und mit 150 g Mehl, 1 Ei (Größe M), 1 Eigelb (Größe M) und 2 Päckchen Vanillezucker zum Teig verkneten und zu Schupfnudeln formen. In Salzwasser bei schwacher Hitze etwa 10 Min. garen und gut abtropfen lassen. 80 g Butter in einer großen Pfanne schmelzen und mit 80 g Mohnsamen leicht bräunen. Die Kartoffelnudeln dazugeben und unter vorsichtigem Wenden etwa 2 Min. braten. Mit Puderzucker bestäubt mit Apfelmus oder Zwetschgenkompott servieren.

SERVIER-TIPP

Die salzigen Schupfnudeln schmecken – ohne das Kraut – auch als Beilage zu einem Ragout oder Braten.

gelingt ganz leicht | preiswert

Kartoffel-Paprika-Gulasch mit Brätnockerln

Inspiriert von der traditionsreichen Küche Ungarns ist dieser Kartoffeltopf würzig und leicht zugleich. Wer lieber vegetarisch isst, macht das Gulasch mit Feta statt mit Wurst.

2 Zwiebeln | 2 Knoblauchzehen | 2 rote Paprikaschoten | 1 gelbe Paprikaschote | 2 Tomaten | 800 g festkochende Kartoffeln | 2 EL Butter | je 1 gehäufter TL edelsüßes und rosenscharfes Paprikapulver | 350 ml Fleisch- oder Gemüsebrühe | Salz | Pfeffer | ½ Bund Petersilie | 400 g Kalbsbratwürste (roh oder gebrüht) |

Für 4 Personen | 1 Std. Zubereitung
Pro Portion ca. 460 kcal, 15 g EW, 30 g F, 29 g KH

1 Die Zwiebeln schälen, vierteln und in dünne Streifen schneiden. Den Knoblauch schälen und in feine Scheiben schneiden. Die Paprika vierteln, putzen, waschen und in dünne Streifen schneiden. Tomaten waschen oder häuten und grob würfeln, dabei die Stielansätze entfernen. Die Kartoffeln schälen, waschen und gut 1 cm groß würfeln.

2 Die Butter in einem Topf schmelzen. Zwiebeln, Knoblauch und Kartoffeln darin andünsten. Mit dem Paprikapulver bestreuen, mit der Brühe aufgießen und zugedeckt bei schwacher Hitze etwa 10 Min. schmoren. Paprikaschoten und Tomaten untermischen, mit Salz und Pfeffer würzen und das Gulasch weitere 10 Min. schmoren.

3 Inzwischen die Petersilie waschen, trockenschütteln und die Blättchen fein hacken. Bratwurstmasse in kleinen Stücken aus der Haut drücken.

4 Die Brätnockerl auf die Kartoffeln und Paprika setzen und in 4–5 Min. zugedeckt erwärmen und dabei garen. Mit der Petersilie vorsichtig unter das Gulasch heben, abschmecken und servieren.

UND DAZU?

Auf jede Portion 1 Klecks saure Sahne löffeln.

deftig-fruchtig | schmeckt mit Bratwürsten

Himmel und Erde

600 g vorwiegend festkochende Kartoffeln | 100 g durchwachsener Räucherspeck | 2 Zwiebeln | 1 EL Butter | 1 EL Öl | 1 TL Zucker | 300 g säuerliche Äpfel | Salz | Pfeffer | frisch geriebene Muskatnuss

Für 4 Personen | 35 Min. Zubereitung
Pro Portion ca. 315 kcal, 5 g EW, 21 g F, 25 g KH

1 Kartoffeln schälen, waschen und klein würfeln. Den Speck von Schwarte und Knorpeln befreien, die Zwiebeln schälen, beides ebenfalls würfeln.

2 Butter und Öl in einem Topf zerlassen. Speck und Zwiebeln mit dem Zucker darin glasig dünsten. Kartoffeln kurz mitgaren. Mit ½ l Wasser aufgießen und zugedeckt 10 Min. bei schwacher Hitze garen.

3 Die Äpfel vierteln, schälen, entkernen und klein würfeln, unter die Kartoffeln mischen. In etwa 10 Min. zugedeckt weich garen, eventuell etwas Wasser dazugießen. Mit einem Kartoffelstampfer leicht zerdrücken, mit Salz, Pfeffer und Muskat würzen.

deftig-frisch | ideal zu Koteletts und Würsten

Kartoffel-Wirsing-Püree

700 g mehlig kochende Kartoffeln | Salz | 300 g zarte Wirsingblätter | 50 g Butter | 150 ml Milch | ½ TL gemahlener Kümmel

Für 4 Personen | 30 Min. Zubereitung
Pro Portion ca. 230 kcal, 6 g EW, 12 g F, 22 g KH

1 Kartoffeln schälen, waschen und in etwa 2 cm große Würfel schneiden. Mit Salzwasser in einem Topf zum Kochen bringen und zugedeckt bei mittlerer Hitze in etwa 15 Min. weich garen. Den Wirsing waschen, putzen, in schmale Streifen schneiden. In Salzwasser in etwa 4 Min. leicht bissfest garen, im Sieb abschrecken. Die Butter in einem Pfännchen zerlassen und ganz leicht bräunen. Milch erhitzen.

2 Kartoffeln abgießen, ausdampfen lassen und im Topf mit einem Kartoffelstampfer zerdrücken. Die Butter und die Milch mit einem Schneebesen unterschlagen. Wirsing untermischen, das Püree mit Salz und Kümmel würzen.

aus rohen und gekochten Kartoffeln | Spezialität aus Süddeutschland

Kartoffelknödel mit Bierbratl

Mit selbst gemachten Knödeln kann man alle beeindrucken – und zusammen mit dem saftigen Schweinebraten schmecken sie wie im besten bayerischen Gasthaus!

Für die Knödel
2 kg vorwiegend festkochende Kartoffeln
1 Ei (Größe M) | Salz
1 EL Speisestärke (aus Kartoffeln)
3 Scheiben Toastbrot | 1 EL Butter
Für das Bierbratl
1 kg nicht zu fetter Schweinebauch (mit Schwarte)
2 EL scharfer Senf | Salz | Pfeffer
1 TL gemahlener Kümmel | 1 Bund Suppengrün
8 Schalotten | ¼ l dunkles Bier

Für 4–6 Personen | 1 Std. 30 Min. Zubereitung
3 Std. 30 Min. Braten | Pro Portion (6 Personen)
ca. 725 kcal, 39 g EW, 39 g F, 52 g KH

1 Ein Drittel der Kartoffeln waschen und ungeschält in Wasser zugedeckt bei mittlerer Hitze in 20–30 Min. weich kochen. Abgießen, ausdampfen lassen. Backofen auf 220° (Umluft 200°) vorheizen.

2 Die Schwarte des Schweinebauchs mit einem Teppichmesser rautenförmig einschneiden. Senf mit Salz, Pfeffer und Kümmel verrühren und die Fleischseiten des Schweinebauchs damit einreiben. Mit der Schwarte nach oben in einen Bräter legen, ⅛ l Wasser angießen. Den Braten im Ofen (Mitte) etwa 30 Min. garen. Suppengrün schälen oder waschen und grob schneiden, Schalotten schälen. Beides mit dem Bier zum Braten geben. Die Temperatur auf 120° (Umluft 100°) zurückschalten und den Schweinebauch noch etwa 3 Std. braten. Dabei ab und zu mit der Flüssigkeit aus der Form begießen.

3 Etwa 1 ½ Std. vor Garzeitende übrige Kartoffeln schälen, waschen und fein reiben. In ein Tuch geben und die Flüssigkeit sehr gut ausdrücken, dabei eine Schüssel unterstellen. Flüssigkeit stehen lassen, bis sich die Stärke absetzt. Die Flüssigkeit vorsichtig abgießen, bis nur noch die Stärke in der Schüssel ist.

4 Gekochte Kartoffeln pellen und durch eine Kartoffelpresse drücken. Alle Kartoffeln mit der Stärke in der Schüssel mischen. Das Ei mit 2 TL Salz und der Speisestärke dazugeben und alles gründlich verkneten. Toastbrot entrinden, würfeln und in der Butter bei mittlerer Hitze goldgelb rösten.

5 Aus dem Kartoffelteig 12–14 Knödel formen: Jede Teigportion in der Handfläche etwas flacher drücken, mit ein paar Brotwürfeln belegen und den Teig darüber schließen, rund formen. Reichlich Salzwasser aufkochen. Knödel einlegen, Hitze reduzieren und die Knödel in 20–25 Min. gar ziehen lassen.

6 Den Braten aus dem Bräter nehmen, mit der Schwarte nach oben auf den Rost legen. Backofengrill anheizen. Braten in den Ofen (10 cm Abstand zu den Grillschlangen) schieben und in 2–3 Min. die Schwarte knusprig bräunen. Braten kurz ruhen lassen, in Scheiben schneiden. Sauce durch ein Sieb gießen und abschmecken. Knödel aus dem Wasser heben und mit Braten und Sauce servieren.

PANNEN-TIPP – SO GELINGEN 1A-KNÖDEL
Probekloß formen und 2–3 Min. garen. Zerfällt er nicht, passt alles. Sonst noch etwas Stärke zum Teig geben.

deftig | würzig

Kartoffeltopf mit Fleisch

500 g Schweineschulter oder -keule
1 EL scharfer Senf (z. B. Feigensenf)
2 TL frisch geriebener Meerrettich
½ TL gemahlener Kümmel | Salz
1 Petersilienwurzel | 2 Möhren | 2 Kohlrabi
500 g festkochende Kartoffeln | 1 Stange Lauch
¼ l Fleisch- oder Gemüsebrühe | 2 EL Butter

Für 4 Personen
35 Min. Zubereitung | 1 Std. 15 Min. Garen
Pro Portion ca. 415 kcal, 26 g EW, 25 g F, 21 g KH

1 Schweinefleisch in etwa ½ cm dicke Scheiben schneiden. Den Senf mit Meerrettich und Kümmel verrühren, salzen und mit dem Fleisch vermengen.

2 Backofen auf 180° vorheizen. Petersilienwurzel, Möhren und Kohlrabi schälen, Kartoffeln schälen und waschen. Alles in dünne Scheiben schneiden. Lauch waschen, putzen und in feine Ringe teilen. Die Brühe erhitzen.

3 Das Gemüse, die Kartoffeln und das Fleisch lagenweise in einen ofenfesten Topf einschichten. Gemüse und Kartoffeln dabei jeweils leicht salzen. Die Brühe angießen und alles zugedeckt im Ofen (Mitte, Umluft 160°) etwa 1 Std. garen. Dann die Temperatur auf 220° (Umluft 200°) erhöhen. Die Butter würfeln, auf der Oberfläche verteilen und den Kartoffeltopf ohne Deckel weitere 15 Min. backen.

AUSTAUSCH-TIPPS

Nehmen Sie statt Schweinefleisch einmal Lamm- oder Rindfleisch, das Gemüse durch Paprikaschoten oder Staudensellerie ersetzen, den Meerrettich durch Chili.

schnell | ganz einfach

Gröstl mit Kasseler

800 g Pellkartoffeln (vom Vortag)
3 Zwiebeln | 400 g Kasseler (ohne Knochen)
3 EL Butter | 1 TL Kümmelsamen
Salz | Pfeffer | 100 g saure Sahne
1 gehäufter EL scharfer Senf
1 Bund Schnittlauch

Für 4 Personen | 30 Min. Zubereitung
Pro Portion ca. 360 kcal, 26 g EW, 17 g F, 26 g KH

1 Die Kartoffeln pellen und in etwa ½ cm dicke Scheiben schneiden. Zwiebeln schälen, halbieren und in dünne Streifen schneiden. Kasseler in etwa ½ cm dicke Scheiben schneiden.

2 In einer großen Pfanne 2 EL Butter schmelzen lassen. Die Kartoffeln und die Zwiebeln darin mit dem Kümmel bei mittlerer Hitze etwa 10 Min. unter Rühren braten, bis sie schön braun werden.

3 Kartoffeln etwas zur Seite schieben, die restliche Butter mit dem Kasseler in die Pfanne geben, heiß werden lassen. Saure Sahne mit Senf verrühren, salzen, pfeffern und nur kurz unter die Kartoffeln mischen. Mit Salz und Pfeffer abschmecken. Den Schnittlauch waschen, trockenschüttlen, in Röllchen schneiden und vorm Servieren aufstreuen.

VARIANTE – BAUERNGRÖSTL

3 Zwiebeln, 800 g Pellkartoffeln und 1 TL Kümmelsamen wie beschrieben zubereiten. 400 g gegartes Suppen- oder Bratenfleisch in dünne Streifen schneiden, untermischen, kurz mitbraten. Salzen, pfeffern. 4 Eier (Größe M) mit 4 EL Milch verrühren, dazugießen und unter Rühren stocken lassen. Mit 2 EL Schnittlauchröllchen bestreuen.

oben: Kartoffeltopf mit Fleisch | unten: Gröstl mit Kasseler

vegetarisch | preiswert

Kartoffel-Quark-Pflanzerl

Kartoffelpflanzerl, wie man sie in Österreich und Südtirol gerne mag – saftig, würzig und wunderbar locker. Außer Gemüse schmeckt auch ein Braten sehr gut dazu.

500 g vorwiegend festkochende Kartoffeln
80 g altbackenes Misch- oder Bauernbrot
100 ml Milch
2 Eier (Größe M)
2 Frühlingszwiebeln
½ Bund Petersilie
60 g Bergkäse oder Emmentaler
150 g Quark
Salz | Pfeffer
1 EL Butter
2 EL Öl

Für 4 Personen | 40 Min. Zubereitung
Pro Portion ca. 315 kcal, 16 g EW, 15 g F, 27 g KH

1 Kartoffeln waschen und ungeschält in Wasser zugedeckt bei mittlerer Hitze in 20–30 Min. weich kochen. Abgießen und kurz ausdampfen lassen.

2 Inzwischen das Brot von der Rinde befreien und grob würfeln, in eine große Schüssel legen. Milch und Eier verrühren und darübergießen.

3 Die Kartoffeln pellen und durch eine Kartoffelpresse drücken. Die Frühlingszwiebeln waschen, putzen und mit dem knackigen Grün in feine Ringe schneiden. Petersilie waschen, trockenschütteln und die Blätter fein hacken. Käse entrinden und klein würfeln oder grob raspeln. Alle diese Zutaten mit dem Quark, Salz und Pfeffer zum eingeweichten Brot geben und kräftig durchkneten.

4 Butter und Öl in einer großen Pfanne erhitzen. Aus dem Kartoffelteig Küchlein von knapp 2 cm Dicke formen und im Fett bei mittlerer Hitze pro Seite 4–5 Min. braten, bis sie goldbraun und knusprig sind. Mit Gemüse (siehe unten) servieren.

UND DAZU – MÖHRENGEMÜSE MIT MEERRETTICH

500 g Möhren schälen und in ½ cm dicke Scheiben schneiden. 1 Zwiebel schälen und klein würfeln. 1 EL Butter schmelzen und Zwiebeln und Möhren darin andünsten. 1 TL Zucker dazugeben und schmelzen lassen. Mit ⅛ l Gemüsebrühe aufgießen und die Möhren zugedeckt bei schwacher Hitze in etwa 8 Min. bissfest garen. 3 cm frische Meerrettichwurzel schälen und fein reiben. Mit 100 g saurer Sahne oder Crème fraîche unter die Möhren mischen, mit Salz abschmecken.

VARIANTE – KARTOFFEL-QUARK-SCHMARRN

800 g Pellkartoffeln (vom Vortag, eine festkochende Sorte ist am besten) pellen und grob raspeln. 250 g Quark oder Topfen mit 2 Eiern (Größe M), 100 g Mehl und 1 TL Thymianblättchen verrühren. Kartoffeln untermengen und mit Salz, Pfeffer und etwas Chilipulver abschmecken. In einer großen Pfanne 4 EL Butterschmalz erhitzen. Die Schmarrnmasse einfüllen und gleichmäßig verteilen. Bei mittlerer Hitze etwa 10 Min. braten, wenden und noch mal etwa 10 Min. braten. Dann mit zwei Holzkochlöffeln in Stücke reißen, 1 EL Butter dazugeben und die Stücke kurz weiterbraten, bis sie knusprig sind. Schmeckt ganz besonders gut mit Tomatensalat mit roten Zwiebeln.

Edel verfeinert

Puffer, Knödel und Gröstl – deftige Klassiker sind fast unschlagbar. Aber trotzdem haben wir ab und zu auch mal Lust auf etwas ganz Feines – mit der vielseitigen Knolle natürlich. Dann lassen wir uns gefüllte Kartoffeln mit Pistazien-Pesto schmecken. Oder eine Suppe mit Safran und Seeteufel wie hier. Auch unschlagbar!

Kartoffel-Safran-Suppe mit Seeteufel

400 g festkochende Kartoffeln
2 Stangen Staudensellerie | ½ Bio-Orange
2 Frühlingszwiebeln | 2 Knoblauchzehen
200 g Seeteufel (ersatzweise ein anderer festfleischiger Fisch)
1 Döschen Safranfäden (0,1 g)
1 l Gemüsebrühe oder milder Fischfond
Salz | Pfeffer
Basilikumblättchen zum Bestreuen

Für 4 Personen | 30 Min. Zubereitung
Pro Portion ca. 120 kcal, 10 g EW, 1 g F, 15 g KH

1 Kartoffeln schälen, waschen und erst in dünne Scheiben, dann in Stifte schneiden. Den Sellerie waschen, putzen und in dünne Scheiben schneiden. Orange heiß waschen und abtrocknen, die Hälfte der Schale dünn abschälen und in feine Streifen schneiden, Saft auspressen. Die Frühlingszwiebeln waschen, putzen und in dünne Ringe schneiden. Knoblauch schälen, fein schneiden. Fisch waschen, trockentupfen, in ½ cm dicke Scheiben schneiden.

2 Safranfäden zwischen den Fingern zerreiben und mit Brühe oder Fond und Orangensaft zum Kochen bringen. Kartoffeln, Sellerie, Zwiebeln und Knoblauch darin zugedeckt bei mittlerer Hitze etwa 8 Min. köcheln lassen, bis die Kartoffeln bissfest sind.

3 Den Fisch und die Orangenschale dazugeben und offen weitere 2 Min. ziehen lassen. Salzen, pfeffern und mit Basilikum bestreut servieren.

AUSTAUSCH-TIPPS

Dieses (Grund)Rezept für eine klare Brühe mit Kartoffeln kann man nicht nur mit Seeteufel und Safran verfeinern. Versuchen Sie auch einmal 200 g frischen oder 100 g geräucherten Lachs in Streifen und etwas fein geriebenen Meerrettich oder 100 g San-Daniele-Schinken in Streifen.

vegetarisch | herrlich cremig

Kartoffel-Quiche

200 g Mehl | 100 g kalte Butter
3 EL Joghurt (ersatzweise Sahne) | Salz
700 g festkochende Kartoffeln | ½ Bio-Zitrone
8 Zweige Thymian | 250 g Ziegenfrischkäse
100 g Sahne | 3 Eier (Größe M)
Pfeffer | 1 Prise Chilipulver

Für 4 Personen | 40 Min. Zubereitung
1 Std. Kühlen | 45 Min. Backen
Pro Portion ca. 780 kcal, 28 g EW, 48 g F, 59 g KH

1 Für den Teig Mehl mit Butter in Würfeln, Joghurt und 1 TL Salz zu einem glatten Teig verkneten. Den Teig zu einer Kugel formen, zwischen zwei Lagen Klarsichtfolie rund ausrollen und eine Tarteform (30 cm Ø) damit auskleiden, 1 Std. kalt stellen.

2 Dann Backofen auf 180° vorheizen. Kartoffeln schälen, waschen und erst in ½ cm dicke Scheiben, anschließend in ebenso breite Streifen schneiden. Zitrone heiß waschen und abtrocknen, die Schale hauchdünn abschneiden und fein hacken. Thymian waschen und trockenschütteln, Blättchen von den Zweigen streifen. Kartoffeln, Thymian und Zitronenschale mischen, salzen und auf dem Teig verteilen.

3 Den Ziegenfrischkäse mit Sahne und Eiern glatt verrühren. Mit Salz, Pfeffer und Chili würzen und auf den Kartoffeln verteilen. Quiche im Ofen (Mitte, Umluft 160°) etwa 45 Min. backen, bis sie schön gebräunt ist. Kurz stehen lassen, dann servieren.

AUSTAUSCH-TIPPS

Statt Thymian auch mal 1 Handvoll Kerbel, Brunnenkresse oder Rucola nehmen.

vegetarisch | macht Eindruck

Kartoffel-Lasagne

500 g Radicchio | Salz
2 Knoblauchzehen | 2 EL Butter | 1 EL Mehl
½ l Milch | 150 g Gorgonzola | Pfeffer
1 kg mehlig kochende Kartoffeln
50 g frisch geriebener Parmesan

Für 4 Personen
35 Min. Zubereitung | 50 Min. Backen
Pro Portion ca. 470 kcal, 22 g EW, 24 g F, 37 g KH

1 Den Radicchio waschen, vierteln, vom Strunk befreien und in 1–2 cm breite Streifen schneiden. In kochendem Salzwasser 1 Min. garen, in einem Sieb abschrecken und abtropfen lassen. Den Knoblauch schälen, fein hacken, mit dem Radicchio mischen.

2 In einem Topf 1 EL Butter schmelzen, das Mehl darin anschwitzen. Milch mit einem Schneebesen gut unterrühren, die Sauce offen bei mittlerer Hitze 10 Min. köcheln lassen. Gorgonzola würfeln und in der Sauce schmelzen. Mit Salz und Pfeffer würzen.

3 Backofen auf 180° vorheizen. Kartoffeln schälen, waschen und der Länge nach in etwa ½ cm dicke Scheiben schneiden. Eine feuerfeste Form lagenweise mit Kartoffeln, Radicchio und Sauce füllen, dabei die Kartoffeln jeweils ein bisschen salzen und pfeffern. Den Parmesan daraufstreuen, die übrige Butter würfeln und darauflegen. Lasagne im Ofen (Mitte, Umluft 160°) etwa 50 Min. backen, bis die Kartoffeln weich sind und die Oberfläche schön gebräunt ist.

VARIANTE

Wer mag, mischt 100 g San-Daniele-Schinken in Streifen mit unter den Radicchio.

oben: Kartoffel-Quiche | unten: Kartoffel-Lasagne

leicht scharf | aromastark

Süßkartoffelpuffer

1 Stange Zitronengras | 1 rote Chilischote | 100 g durchwachsener Räucherspeck | 4 Knoblauchzehen | ½ Bund Koriandergrün | 800 g Süßkartoffeln | 1 Ei (Größe M) | 2 EL Mehl | Salz | 2 EL Öl

Für 4 Personen | 40 Min. Zubereitung
Pro Portion ca. 415 kcal, 7 g EW, 24 g F, 43 g KH

1 Vom Zitronengras die äußere Blattschicht und die Enden entfernen. Chili waschen und entstielen. Beides sehr fein hacken. Den Speck fein würfeln, Knoblauch schälen und fein hacken. Alles in einem großen Topf bei mittlerer Hitze 5 Min. braten.

2 Koriander waschen und trockenschütteln, die Blättchen fein hacken. Kartoffeln schälen, waschen und fein reiben. Beides mit der Speckmischung, Ei und Mehl verrühren, salzen. Das Öl in einer großen Pfanne erhitzen. Kartoffelmasse als kleine Puffer hineinsetzen und bei mittlerer Hitze pro Seite etwa 4 Min. braten, bis sie goldbraun sind.

cremig-würzig | vegetarisch

Kartoffel-Risotto

25 g getrocknete Steinpilze | 1 Zwiebel | 2 Knoblauchzehen | 1 kg festkochende Kartoffeln | 2 EL Butter | ¼ l Gemüsebrühe | 1 Bund Basilikum | 50 g frisch geriebener Parmesan | Salz | Pfeffer

Für 4 Personen | 1 Std. Zubereitung
Pro Portion ca. 240 kcal, 11 g EW, 8 g F, 31 g KH

1 Pilze in 300 ml Wasser 30 Min. einweichen. In der Zeit Zwiebel und Knoblauch schälen, fein hacken. Kartoffeln schälen, waschen, ½ cm groß würfeln.

2 Pilze im Sieb abtropfen lassen, Einweichwasser auffangen und durch eine Filtertüte gießen. Pilze würfeln, mit Zwiebel und Knoblauch in 1 EL Butter andünsten. Kartoffeln kurz mitbraten, mit Brühe und Pilzwasser aufgießen und offen bei mittlerer Hitze in etwa 15 Min. weich garen (eventuell Brühe nachgießen). Häufig umrühren. Basilikumblätter hacken, übrige Butter würfeln und beides mit dem Käse unters Risotto mischen. Salzen und pfeffern.

Kartoffelpfanne mit Lachs und Spargel

Diese raffinierte Abwandlung des Tiroler Gröstl ist ein wahrer Augen- und Gaumenschmaus! Wer das Ganze besonders attraktiv machen möchte, nimmt violette Kartoffeln.

400 g grüner Spargel | Salz | 800 g Pellkartoffeln (vom Vortag) | 4 Frühlingszwiebeln | 200 g Kirschtomaten | 400 g Lachsfilet | 1 EL Zitronensaft | Pfeffer | 2 EL Butter | 1 EL Öl | 1 großes Bund Brunnenkresse oder Rucola (etwa 50 g) | 125 g saure Sahne | Chilipulver nach Geschmack

Für 4 Personen | 35 Min. Zubereitung
Pro Portion ca. 435 kcal, 26 g EW, 11 g F, 40 g KH

1 Den Spargel waschen und die holzigen Enden abschneiden. Spargel in etwa 3 cm lange Stücke schneiden. In kochendem Salzwasser 2 Min. garen, dann im Sieb abschrecken und abtropfen lassen. Kartoffeln pellen und in gut ½ cm dicke Scheiben schneiden. Die Frühlingszwiebeln waschen, putzen und mit dem knackigen Grün in 2 cm lange Stücke schneiden. Die Tomaten waschen und halbieren.

2 Den Lachs waschen und trockentupfen, in gut 1 cm große Würfel schneiden und mit Zitronensaft, Salz und Pfeffer würzen.

3 In einer großen Pfanne Butter und Öl erhitzen. Die Kartoffeln darin mit den Zwiebeln und dem Spargel bei mittlerer Hitze in etwa 10 Min. knusprig braten. Dabei immer mal wieder durchrühren. Dann Lachs und Tomaten darauf verteilen und zugedeckt in etwa 4 Min. gar und heiß werden lassen.

4 Inzwischen die Kresse oder den Rucola waschen und trockenschütteln, lange Stiele abzwicken. Die Blätter grob hacken und mit der sauren Sahne vermischen. Mit Salz und Chili abschmecken. Lachs und Tomaten vorsichtig unter die Kartoffeln heben, alles mit Salz und Pfeffer abschmecken. Auf Tellern verteilen und mit je 1 Klecks Kressesahne garnieren und etwas Chilipulver bestäuben.

für Gäste | machen Eindruck

Fischfilets im Kartoffelkleid

Die Fischfilets sehen nicht nur aus, als hätten sie gelbe Schuppen, dank der raffinierten Hülle aus knusprigen, dünnen Kartoffelscheiben bleiben sie auch richtig schön saftig.

Für die Filets
4 dicke Fischfilets (je etwa 160 g; z. B. Lachs, Steinbeißer oder Seelachs)
1 EL Zitronensaft
Salz | Pfeffer
400 g vorwiegend festkochende Kartoffeln
2 TL Speisestärke (aus Kartoffeln)
2 EL Butter | 1 EL Öl

Für die Kräutersauce
1 Bund gemischte Kräuter
2 Frühlingszwiebeln
1 EL Kapern | 5 EL Olivenöl
2 TL Zitronensaft
Salz | Pfeffer

Für 4 Personen | 40 Min. Zubereitung
Pro Portion ca. 365 kcal, 29 g EW, 21 g F, 16 g KH

1 Fischfilets waschen, trockentupfen, mit Zitronensaft beträufeln, salzen und pfeffern. Die Kartoffeln schälen, waschen und in ganz dünne Scheiben hobeln. Sehr gut mit der Stärke vermischen. Die Hälfte davon schön dicht wie Schuppen auf einer Seite der Fischfilets verteilen und andrücken.

2 Für die Sauce die Kräuter waschen und trockenschütteln, Blättchen abzupfen. Frühlingszwiebeln waschen und putzen, das welke Grün abschneiden. Kräuterblättchen und Zwiebeln mit den Kapern sehr fein hacken und mit Olivenöl und dem Zitronensaft mischen. Mit Salz und Pfeffer abschmecken.

3 Die Butter und das Öl in einer großen Pfanne erhitzen. Die Fischfilets vorsichtig mit der Kartoffelseite nach unten hineinlegen und etwa 4 Min. bei mittlerer Hitze braten. In der Zeit übrige Kartoffeln ebenfalls wie Schuppen auf den oberen Filetseiten auslegen und andrücken. Die Fischfilets vorsichtig wenden und weitere 4 Min. braten. Mit der Sauce auf vorgewärmten Tellern servieren.

VARIANTE – LAMMSTEAKS IM KARTOFFELKLEID

2 Zweige Rosmarin waschen, trockenschütteln und die Blättchen abzupfen. 4 Knoblauchzehen schälen. ½ Bio-Zitrone heiß waschen und abtrocknen, die Schale hauchdünn abschälen. Alles fein hacken und mit 2 EL Olivenöl verrühren. 4 Lammsteaks (je etwa 180 g, aus der Keule geschnitten, ohne Knochen) mit der Marinade einpinseln und mindestens 2 Std. ziehen lassen. Dann 400 g vorwiegend festkochende Kartoffeln schälen, waschen und in möglichst dünne Scheiben hobeln. Mit 2 TL Speisestärke und 1 TL rosenscharfem Paprikapulver mischen. Steaks salzen und auf einer Seite mit der Hälfte der Kartoffeln schuppenförmig belegen. Wie beschrieben in einer Pfanne in 1 EL Öl und 1 EL Butter 5 Min. braten, mit den übrigen Kartoffeln belegen, wenden und noch einmal so lange braten. Mit gemischtem Salat servieren.

VARIANTE – HÄHNCHEN MIT KARTOFFELKRUSTE

4 Hähnchenbrustfilets (à 180 g) statt Lamm nehmen und marinieren. In eine feuerfeste Form legen, mit Kartoffelscheiben belegen. Salzen, pfeffern, mit etwas Olivenöl beträufeln. Im 220° heißen Ofen (Mitte, Umluft 200°) etwa 25 Min. backen, bis die Kartoffen knusprig sind.

mediterran | ganz einfach

Hähnchenkeulen auf Salbeikartoffeln

1 große Bio-Zitrone | 2 Knoblauchzehen
6 EL Olivenöl | 1 TL Honig oder Ahornsirup
Salz | Chilipulver nach Geschmack
4 Hähnchenkeulen (je etwa 225 g)
800 g kleine festkochende Kartoffeln
1 Bund Frühlingszwiebeln
200 g Kirschtomaten | 2 Stängel Salbei

Für 4 Personen
35 Min. Zubereitung | 45 Min. Backen
Pro Portion ca. 565 kcal, 35 g EW, 34 g F, 27 g KH

1 Zitrone heiß waschen und abtrocknen, Schale fein abreiben. Knoblauch schälen und durchpressen. Beides mit 2 EL Öl und Honig oder Sirup verrühren, mit Salz und Chili würzen. Die Keulen waschen und trockentupfen, mit dem Würzöl einpinseln.

2 Den Backofen auf 180° vorheizen. Die Kartoffeln schälen, waschen und längs halbieren. Frühlingszwiebeln waschen, putzen und nur das welke Grün abschneiden. Tomaten waschen. Salbei waschen, trockenschütteln und die Blättchen fein schneiden.

3 Kartoffeln mit Tomaten, Zwiebeln, Salbei und dem übrigen Öl in einer feuerfesten Form mischen, salzen, die Hähnchenkeulen darauflegen. Alles im Ofen (Mitte, Umluft 160°) etwa 45 Min. backen, bis die Kartoffeln weich und die Keulen gar sind. Dabei zwischendurch die Kartoffeln mal durchrühren.

VARIANTE – SALBEIKARTOFFELN ALS BEILAGE

Nur die Kartoffelmischung im Backofen garen und zu Lamm- oder Schweinekoteletts servieren.

macht was her | süßlich und pikant zugleich

Würzige Süßkartoffeln mit Garnelen

800 g Süßkartoffeln | 1 rote Chilischote
1 Stück frischer Ingwer (etwa 2 cm)
1 Bio-Limette | 1 Bund Koriandergrün
je 1 TL Koriander- und helle Senfsamen
150 ml Gemüsefond oder Cidre
1 EL Öl | Salz | 2 TL Ahornsirup
500 g geschälte rohe Garnelen | 2 EL Butter

Für 4 Personen
25 Min. Zubereitung | 40 Min. Backen
Pro Portion ca. 360 kcal, 26 g EW, 10 g F, 41 g KH

1 Den Backofen auf 180° vorheizen. Süßkartoffeln schälen, waschen und in 1 cm dicke Stifte schneiden. Chili waschen, entstielen und fein hacken. Ingwer schälen und fein hacken. Limette heiß waschen und abtrocknen, Schale fein abreiben, Saft auspressen. Koriandergrün waschen und trockenschütteln, ein paar Blättchen beiseitelegen, den Rest hacken. Die Koriander- und Senfsamen im Mörser andrücken.

2 Ingwer, Chili, Limettenschale und 1 EL Limettensaft, gehackten Koriander und die angedrückten Gewürze mit Fond oder Cidre und Öl mischen und mit Salz und Ahornsirup würzen. Mit den Kartoffeln in einer feuerfesten Form mischen. Im Ofen (Mitte, Umluft 160°) in etwa 35 Min. fast weich backen. Dabei zwischendurch zweimal durchrühren.

3 Kurz vor Ende der Garzeit Garnelen waschen und trockentupfen. Butter schmelzen und die Garnelen darin ½ Min. bei mittlerer Hitze braten. Mit übrigem Limettensaft und Salz würzen. Mit Korianderblättchen auf die Kartoffeln geben, 5 Min. weiterbacken.

oben: Hähnchenkeulen auf Salbeikartoffeln | unten: Würzige Süßkartoffeln mit Garnelen vegetarisch | für Gäste

Gefüllte Kartoffeln mit Pistazien-Pesto

Ein einfaches und dabei edles Essen, das Sie für Ihre Gäste auch gut vorbereiten können. Das Pesto lässt sich problemlos schon ein bis zwei Tage im Voraus machen.

6 große vorwiegend festkochende Kartoffeln (je etwa 175 g) | ½ Bio-Orange
1 kleines Bund Rucola (etwa 25 g)
40 g Pistazienkerne
2 TL grüne Pfefferkörner (frisch oder aus dem Glas) | 8 EL Olivenöl
50 g frisch geriebener Parmesan oder Grana padano | Salz
100 g Ricotta oder Doppelrahm-Frischkäse
400 g Tomaten | 2 EL Butter

Für 4 Personen
35 Min. Zubereitung | 25 Min. Backen
Pro Portion ca. 530 kcal, 15 g EW, 36 g F, 36 g KH

1 Kartoffeln gründlich waschen und ungeschält in Wasser zugedeckt bei mittlerer Hitze in etwa 25 Min. fast weich kochen. Abgießen und kurz ausdampfen lassen.

2 Inzwischen die Orange heiß waschen und abtrocknen, die Schale fein abreiben. Rucola waschen und trockenschütteln, grob hacken. Pistazien mit Rucola, Pfefferkörnern und Öl im Mixer fein pürieren. Die Orangenschale und 2 EL Parmesan oder Grana padano unterrühren und das Pesto mit Salz würzen.

3 Die Kartoffeln der Länge nach halbieren (wer mag, pellt sie vorher). Das Kartoffelfleisch bis auf einen knapp 1 cm dicken Rand mit einem Teelöffel aushöhlen (Bild 1). Das ausgehöhlte Kartoffelfleisch mit einer Gabel fein zerdrücken.

4 Den Backofen auf 200° (Umluft 180°) vorheizen. Ausgehöhltes Kartoffelfleisch mit Ricotta oder Frischkäse und dem Pesto mischen, mit Salz würzen. Die Tomaten waschen und von den Stielansätzen befreien. Tomaten in dünne Scheiben schneiden und eine feuerfeste Form damit auslegen.

5 Die Kartoffelhälften auf den Tomaten verteilen und die Pesto-Masse in die Aushöhlungen löffeln (Bild 2). Butter in kleine Stücke schneiden und mit dem übrigen Parmesan oder Grana padano auf den Kartoffeln verteilen. Im Ofen (Mitte) in etwa 25 Min. goldbraun backen (Bild 3).

VARIANTEN

Das Pesto schmeckt auch fein, wenn man es einfach unter Salzkartoffeln mischt oder eine Kartoffelpfanne mit Fleisch oder Fisch damit abschmeckt. Ebenfalls sehr gut: zu Gnocchi servieren. Dazu das Pesto mit 3–5 TL Gnocchi-Kochwasser cremig rühren, mit den abgetropften Gnocchi auf Tellern anrichten, mit ein paar Tomatenwürfeln garnieren und mit frisch geriebenem Parmesan oder Grana padano servieren.

SPEED-TIPP

Die Kartoffeln schon am Vortag kochen. Statt Pistazien-Pesto fertig gekauftes Bärlauch-Pesto nehmen.

UND DAZU?

Alle Vegetarier essen zu den Kartoffeln eine Schüssel voll mit bunt gemischtem Salat. Fleischliebhaber greifen zu gebratenen Lammkoteletts oder einem Rindersteak.

1

2

3

auch gut als Beilage | vegetarisch

Kartoffel-Kürbis-Gratin mit Walnusskruste

800 g vorwiegend festkochende Kartoffeln
1 Stück Kürbis (etwa 400 g)
Salz | Pfeffer
150 g Sahne
100 ml Milch
150 g Ziegenweichkäse (z. B. Camembert)
50 g Walnusskerne
1 Stück Bio-Zitronen- oder -Orangenschale (etwa 2 cm)
1 EL Butter

Für 4 Personen
30 Min. Zubereitung | 45 Min. Backen
Pro Portion ca. 470 kcal, 16 g EW, 31 g F, 30 g KH

1 Die Kartoffeln schälen, waschen und in feine Scheiben hobeln. Den Kürbis von den Kernen samt der weichen Fasern befreien und schälen. Kürbis ebenfalls fein hobeln.

2 Den Backofen auf 180° vorheizen. Die Kartoffeln und den Kürbis lagenweise dachziegelartig in eine feuerfeste Form schichten und jeweils mit Salz und Pfeffer würzen. Die Sahne und die Milch mischen und seitlich angießen.

3 Den Ziegenkäse in kleine Würfel schneiden. Die Walnusskerne grob, die Zitrusschale fein hacken. Alles mischen und gleichmäßig auf den Kartoffeln und dem Kürbis verteilen. Die Butter würfeln und darauflegen. Das Gratin im Ofen (Mitte, Umluft 160°) etwa 45 Min. backen, bis es schön gebäunt ist und die Kartoffeln und der Kürbis weich sind.

exotisch | macht was her

Kartoffel-Kokos-Gratin mit Korianderhack

500 g vorwiegend festkochende Kartoffeln
500 g Süßkartoffeln
1 Stück frischer Ingwer (etwa 2 cm)
4 Knoblauchzehen
1 Bio-Limette | 1 Bund Koriandergrün
Salz | Pfeffer
400 ml Kokosmilch
4 Frühlingszwiebeln | 2 Tomaten
400 g Rinder- oder Lammhackfleisch

Für 4 Personen
35 Min. Zubereitung | 50 Min. Backen
Pro Portion ca. 415 kcal, 27 g EW, 15 g F, 43 g KH

1 Die Kartoffeln und die Süßkartoffeln schälen, waschen und in feine Scheiben hobeln. Ingwer und Knoblauch schälen und sehr fein hacken. Limette heiß waschen und abtrocknen, Schale fein abreiben. Das Koriandergrün waschen und trockenschütteln, die Blättchen fein hacken. Die Hälfte davon mit Ingwer, Knoblauch und Limettenschale mischen.

2 Backofen auf 180° vorheizen. Kartoffeln und Süßkartoffeln lagenweise in eine hitzebeständige Form schichten, dabei jede Schicht salzen, pfeffern und mit etwas Ingwermischung bestreuen. Kokosmilch kurz durchrühren, dann seitlich angießen.

3 Frühlingszwiebeln waschen, putzen und fein hacken. Die Tomaten waschen und klein würfeln, dabei die Stielansätze wegschneiden. Zwiebeln und Tomaten mit übrigem Koriander unter das Hack mischen, salzen, pfeffern, auf dem Gratin verteilen. Im Ofen (Mitte, Umluft 160°) etwa 50 Min. backen.

oben: Kartoffel-Kürbis-Gratin mit Walnusskruste | unten: Kartoffel-Kokos-Gratin mit Korianderhack

Aus aller Herren Länder

Es ist immer wieder spannend zu sehen, was in anderen Ländern auf den Tisch kommt. Besonders dann, wenn die Hauptzutat eine ist, die wir selbst bestens kennen. Neben Gnocchi und Rösti entdeckt man da auch so Interessantes wie Curry mit Mohn, Älplermagronen oder Wedges mit einer fruchtigen Salsa.

Kartoffel-Wedges mit Mango-Tomaten-Salsa

1 kg festkochende Kartoffeln | 1 Bio-Limette
½ EL mittelgrobes Salz (z. B. Fleur de sel)
4 EL geschmacksneutrales Öl
1 Mango | 250 g Tomaten
1 TL Ahornsirup oder Honig
2 EL Olivenöl | 2 Frühlingszwiebeln
1 rote Chilischote
6 Stängel Koriandergrün
½ TL gemahlener Koriander

Für 4 Personen | 35 Min. Zubereitung
Pro Portion ca. 330 kcal, 5 g EW, 16 g F, 42 g KH

1 Den Backofen auf 200° (Umluft 180°) vorheizen. Das Backblech mit Backpapier auslegen. Kartoffeln schälen, waschen und in gut 1 cm dicke Spalten schneiden. Limette heiß waschen und abtrocknen, die Schale fein abreiben und mit dem Salz und dem neutralen Öl unter die Kartoffeln mischen.

2 Die Kartoffeln auf dem Blech ausbreiten und im Ofen (Mitte) 25–30 Min. backen, bis sie weich und knusprig sind. Dabei ein- bis zweimal durchrühren.

3 Inzwischen Mango schälen und das Fruchtfleisch vom Kern abschneiden. Tomaten waschen und würfeln, dabei die Stielansätze wegschneiden. Mango und Tomaten mit Ahornsirup oder Honig und Olivenöl zu einer mittelgroben Salsa pürieren.

4 Frühlingszwiebeln waschen und putzen, Chilischote waschen und entstielen, beides fein hacken. Koriandergrün waschen, trockenschütteln und fein schneiden. Limettensaft auspressen. Alles unter die Salsa rühren, mit Salz und gemahlenem Koriander abschmecken. Zu den Wedges essen.

VARIANTE – KARTOFFEL-WEDGES KLASSISCH
Die Kartoffelspalten nur mit Öl und Salz mischen und backen. Die Wedges dann mit Mayo oder Ketchup essen.

von den Kanaren | scharf-würzig

Kartoffeln mit Mojo

1 kg kleinere festkochende Kartoffeln
1 ½ EL grobes Meersalz
1 Scheibe altbackenes Weißbrot (40 g)
2 frische rote Paprikaschoten
200 g eingelegte rote Paprikaschoten
4 Knoblauchzehen
3 getrocknete Chilischoten | 100 ml Olivenöl
1 TL gemahlener Kreuzkümmel | Salz

Für 4 Personen | 45 Min. Zubereitung
Pro Portion ca. 415 kcal, 6 g EW, 26 g F, 40 g KH

1 Kartoffeln gründlich waschen und ungeschält mit Wasser und dem Meersalz in einen Topf geben. Zugedeckt bei mittlerer Hitze in etwa 20 Min. weich garen.

2 Das Brot 10 Min. in Wasser einweichen. Frische Paprika putzen, waschen und würfeln. Eingelegte Paprika ebenfalls würfeln. Knoblauch schälen und grob hacken. Brot gut ausdrücken und mit beiden Paprikasorten, Knoblauch und Chili im Mixer fein pürieren, dabei nach und nach das Öl einfließen lassen. Mojo mit Kreuzkümmel und Salz würzen.

3 Kochwasser abgießen und die Kartoffeln trocken bei schwacher bis mittlerer Hitze noch einmal etwa 10 Min. garen, bis sie runzelig und von einer weißen Salzschicht überzogen sind. Den Topf dabei ab und zu rütteln. Die Kartoffeln mit der Mojo servieren.

VARIANTE – KARTOFFELN MIT GRÜNER SALSA

Die Kartoffeln wie beschrieben zubereiten und dazu eine scharfe grüne Salsa reichen: 6 Knoblauchzehen schälen, 1 Bund Koriandergrün waschen und trockenschütteln. Beides mit 100 ml Olivenöl pürieren, salzen.

aus Spanien | schmeckt auch kalt

Tortilla mit Chorizo

200 g Mangoldblätter | Salz | 1 rote Zwiebel
2 Knoblauchzehen | ½ Bund Petersilie
100 g Chorizo (spanische Paprikawurst)
500 g festkochende Kartoffeln
6 EL Olivenöl | 6 Eier (Größe M)

Für 4 Personen | 1 Std. Zubereitung
Pro Portion ca. 460 kcal, 20 g EW, 35 g F, 18 g KH

1 Den Mangold waschen und in dünne Streifen schneiden. In kochendem Salzwasser etwa 2 Min. garen, im Sieb abschrecken und abtropfen lassen.

2 Zwiebel und Knoblauch schälen, fein würfeln. Die Petersilie waschen und trockenschütteln, Blättchen fein schneiden. Chorizo häuten und in dünne Scheiben, dann in Streifen schneiden. Kartoffeln schälen, waschen, in dünne Scheiben schneiden.

3 In einer großen Pfanne 3 EL Öl erhitzen. Darin die Kartoffeln bei schwacher Hitze unter gelegentlichem Rühren etwa 10 Min. garen. Knoblauch, Petersilie, Zwiebel und Chorizo dazugeben und 5 Min. mitgaren. Eier in einer Schüssel leicht verquirlen. Mangold und Kartoffelmischung unterrühren, salzen.

4 Übriges Öl in die Pfanne geben. Kartoffelmasse einfüllen, bei mittlerer Hitze etwa 5 Min. braten. Mit Hilfe eines Tellers wenden und noch einmal 5 Min. braten. Zum Servieren in Tortenstücke schneiden.

AUSTAUSCH-TIPPS

Tortilla ganz pur nur mit Kartoffeln (800 g) zubereiten. Oder statt Mangold und Chorizo mal 2–3 EL gehackte gemischte Kräuter und 200 g geschälte rohe Garnelen, Spargel oder Spinat nehmen (das Gemüse vorgaren).

oben: Kartoffeln mit Mojo | unten: Tortilla mit Chorizo

aus Süditalien | vegetarisch

Kartoffel-Pizza mit Rosmarinöl

Klingt vielleicht ungewöhnlich – Teig und Kartoffeln –, es ist aber eine ausgesprochen gelungene Kombination, die sich die kampanischen Pizza-Meister haben einfallen lassen.

300 g Mehl
Salz
9 EL Olivenöl
½ Würfel frische Hefe (etwa 20 g)
2 weiße oder rote Zwiebeln
4 Knoblauchzehen
200 g Tomaten
500 g festkochende Kartoffeln
2 große Zweige Rosmarin
Pfeffer

Für 4 Personen | 35 Min. Zubereitung
1 Std. Gehen | 20 Min. Backen
Pro Portion ca. 545 kcal, 12 g EW, 24 g F, 72 g KH

1 Das Mehl mit 1 TL Salz und 2 EL Öl in einer Schüssel mischen. Die Hefe zerbröckeln, in 150 ml lauwarmem Wasser anrühren und kräftig unter das Mehl kneten. Den Teig in der Schüssel zugedeckt etwa 1 Std. gehen lassen.

2 Den Backofen auf 220° (Umluft 200°) vorheizen, Backblech mit Backpapier auslegen. Die Zwiebeln und den Knoblauch schälen und sehr fein würfeln. Die Tomaten waschen oder häuten und in kleine Würfel schneiden, dabei Stielansätze wegschneiden. Die Zwiebeln mit Tomaten, Knoblauch und 1 EL Öl mischen und salzen.

3 Die Kartoffeln schälen, waschen und in dünne Scheiben hobeln. Den Teig noch mal durchkneten und direkt auf dem Blech ausrollen.

4 Die Zwiebel-Tomaten-Mischung auf dem Teig verstreichen. Die Kartoffeln dachziegelartig auf dem Teig auslegen. Rosmarin waschen, trockenschütteln und die Blätter grob hacken. Mit dem übrigen Öl mischen und auf den Kartoffeln verteilen. Salzen und pfeffern.

5 Die Pizza im Ofen (Mitte) etwa 20 Min. backen, bis sie aufgegangen und schön gebräunt ist.

VARIANTE – FLAMMKUCHEN MIT KARTOFFELN

10 g frische Hefe mit 175 ml lauwarmem Wasser, 1 TL Mehl und ½ TL Zucker gut verrühren und 1 Std. stehen lassen. Dann 250 g Mehl und 1 TL Salz unterkneten, Teig 1 Std. gehen lassen. Für den Belag 200 g festkochende Kartoffeln schälen, waschen, in dünne Stifte schneiden. In kochendem Salzwasser 3 Min. garen, abschrecken und abtropfen lassen. Mit 100 g Räucherspeck in feinen Streifen und 200 g Crème fraîche verrühren und mit Salz und Pfeffer würzen. Teig durchkneten, auf dem mit Backpapier belegten Blech ausrollen. Die Kartoffelmischung dünn darauf verstreichen. Im 230° heißen Ofen (Mitte, Umluft 210°) etwa 15 Min. backen. Zum Servieren in Stücke schneiden und als Imbiss mit Salat essen.

TIPP – KARTOFFELPIZZA NEU IN FORM

Noch hübscher sieht die Pizza aus, wenn man aus dem Teig vier längliche Fladen mit einem etwas dickeren Rand formt. Diese werden wie beschrieben belegt und gebacken. Allerdings passen dann nicht alle auf ein Blech: zwei Fladen backen und während man sich die teilt, die anderen zwei in den Ofen schieben.

aus Vietnam | scharf-pikant

Kartoffeln und Hähnchen in Kokosmilch

Im Original schmurgeln zusammen mit den Kartoffeln Stücke von der Hähnchenkeule in der cremig-würzigen Sauce. Einfacher geht's wie hier mit dem zarten Filet.

1 Stange Zitronengras | 1 Stück frischer Ingwer (etwa 4 cm) | 2 rote Chilischoten | 1 Bio-Limette | 2 TL gemahlene Kurkuma | 600 g festkochende Kartoffeln | 6 Schalotten | 500 g Hähnchenbrustfilet | 2 EL Öl | 400 ml Kokosmilch | Salz | Korianderblättchen zum Bestreuen

Für 4 Personen
30 Min. Zubereitung | 25 Min. Schmoren
Pro Portion ca. 270 kcal, 32 g EW, 7 g F, 21 g KH

1 Vom Zitronengras die äußere Blattschicht und die Enden entfernen. Ingwer schälen, Chilischoten waschen und entstielen. Alles zusammen sehr fein hacken. Limette heiß waschen und abtrocknen, die Schale fein abreiben und mit der Kurkuma unter die Würzmischung rühren. Den Limettensaft auspressen.

2 Die Kartoffeln schälen, waschen und 2 cm groß würfeln. Die Schalotten schälen und vierteln. Das Hähnchenfleisch waschen, trockentupfen und in 2 cm große Stücke schneiden.

3 Wok erhitzen, das Öl hineingeben und darin die Hähnchenstücke bei starker Hitze anbraten, wieder herausnehmen. Kartoffeln und Schalotten anbraten. Mit der Würzmischung verrühren, kurz weiterbraten. Die Kokosmilch dazugießen, salzen und alles zugedeckt bei schwacher Hitze 20 Min. schmoren. Falls nötig, etwas Wasser zugeben. Dann Hähnchen und Limettensaft unterrühren, weitere 5 Min. schmoren. Vor dem Servieren mit Koriander bestreuen.

UND DAZU?
Auch wenn bei diesem Gericht Kartoffeln mit im Spiel sind, gibt es in Asien zusätzlich noch Reis.

aus Asien | schmeckt mit Reis

Süßkartoffel-Wok

600 g Süßkartoffeln | 1 dicke Stange Lauch | 250 g Austernpilze | 1 Stück frischer Ingwer (etwa 4 cm) | 2 Knoblauchzehen | 2 EL Öl | 150 ml Gemüsefond | 2 EL Sojasauce | 2 EL süße Chilisauce | Salz | Korianderblättchen zum Bestreuen

Für 4 Personen | 35 Min. Zubereitung
Pro Portion ca. 220 kcal, 5 g EW, 7 g F, 34 g KH

1 Süßkartoffeln schälen, waschen und 1 cm groß würfeln. Lauch putzen, waschen, in dünne Streifen schneiden. Austernpilze mit Küchenpapier abreiben, entstielen und in 1–2 cm breite Streifen schneiden. Ingwer und Knoblauch schälen, fein hacken.

2 Wok erhitzen, das Öl hineingeben und darin die Kartoffeln bei mittlerer Hitze in 6–7 Min. unter Rühren bissfest braten. Dann Lauch, Pilze, Ingwer und den Knoblauch 2–3 Min. mitbraten. Mit Fond ablöschen, mit Sojasauce, Chilisauce und Salz abschmecken. Mit Koriander bestreut servieren.

aus China | passt zu Reis oder Buchweizennudeln

Süßsaure Kartoffeln

600 g festkochende Kartoffeln | 200 g Weißkohlblätter | 2 rote Zwiebeln | 2 TL grüne Pfefferkörner (frisch oder aus dem Glas) | 5 EL Öl | 8 EL Sojasauce | 6 EL passierte Tomaten (Tetrapack) | 8 EL dunkler Reisessig | 2 EL brauner Zucker | Salz

Für 4 Personen | 25 Min. Zubereitung
Pro Portion ca. 235 kcal, 5 g EW, 14 g F, 32 g KH

1 Kartoffeln schälen, waschen und erst in dünne Scheiben, dann in feine Stifte schneiden. Den Kohl waschen und in feine Streifen schneiden. Zwiebeln schälen, vierteln und auch in Streifen schneiden. Die Pfefferkörner grob hacken.

2 Wok erhitzen, das Öl hineingeben und darin die Kartoffeln mit Kohl und Zwiebeln unter Rühren bei mittlerer Hitze in 8–10 Min. weich braten. Pfeffer, Sojasauce, passierte Tomaten, Essig, Zucker und Salz verrühren und unter die Kartoffelmischung im Wok mengen. Abschmecken.

aus der Schweiz | deftig

Älplermagronen

4 Zwiebeln | 400 g festkochende Kartoffeln
3 EL Butterschmalz | Salz
300 g kurze Nudeln (z. B. Hörnchennudeln)
400 ml Milch | 350 ml Gemüsebrühe
300 g Vacherin oder mittelalter Bergkäse
Pfeffer | frisch geriebene Muskatnuss

Für 4 Personen
35 Min. Zubereitung | 20 Min. Backen
Pro Portion ca. 760 kcal, 35 g EW, 34 g F, 72 g KH

1 Den Backofen auf 200° (Umluft 180°) vorheizen. Zwiebeln schälen und in dünne Ringe schneiden. Kartoffeln schälen, waschen, 1 cm groß würfeln und im Topf in 1 EL Schmalz andünsten, salzen. Nudeln hinzufügen, Milch und Brühe angießen und alles bei mittlerer Hitze etwa 10 Min. garen, zwischendurch umrühren. Gleichzeitig das restliche Butterschmalz in einer Pfanne erhitzen und die Zwiebeln darin bei mittlerer bis schwacher Hitze in 10 Min. leicht braun braten. Ab und zu umrühren.

2 Den Käse entrinden und klein würfeln. Die Kartoffelmischung mit der Hälfte der Zwiebeln und zwei Drittel des Käses mischen. Mit Salz, Pfeffer und Muskat würzen und in eine feuerfeste Form füllen. Übrige Zwiebeln und restlichen Käse aufstreuen. Im Ofen (Mitte) etwa 20 Min. backen.

VARIANTE – JANSONS VERSUCHUNG

3 in dünne Ringe geschnittene und gebratene Zwiebeln, 10 gehackte, eingelegte Sardellenfilets, 800 g in dünne Stifte geschnittene vorwiegend festkochende Kartoffeln und 250 g Sahne in die Form schichten. Salzen, pfeffern. Im 180° heißen Ofen (Mitte, Umlauft 160°) 1 Std. backen.

aus der Schweiz | auch als Beilage gut

Rösti mit Rotkohlgemüse

1 kleiner Rotkohl (etwa 600 g)
8 getrocknete Feigen
1 kg Pellkartoffeln (vom Vortag, von vorwiegend festkochenden Kartoffeln)
Salz | Pfeffer | 1 EL Butter
300 ml Apfelsaft oder Cidre
6 EL Butterschmalz
1 TL Himbeer- oder Apfelessig
100 g Roquefort oder anderer Edelpilzkäse

Für 4 Personen | 50 Min. Zubereitung
Pro Portion ca. 510 kcal, 13 g EW, 25 g F, 55 g KH

1 Den Rotkohl von den welken Blättern und dem dicken Strunk befreien und in feine Streifen hobeln. Die Feigen in kleine Würfel schneiden. Kartoffeln pellen und grob raspeln, salzen und pfeffern.

2 In einem Topf die Butter schmelzen. Den Rotkohl mit den Feigen darin andünsten. Mit Apfelsaft oder Cidre aufgießen, salzen, pfeffern und zugedeckt bei schwacher Hitze in etwa 20 Min. bissfest garen.

3 Inzwischen in zwei großen Pfannen (am besten antihaftbeschichtet) jeweils 2 EL Butterschmalz schmelzen. Die Kartoffeln hineingeben und gut umrühren, dann zu einem Fladen zusammendrücken. Bei mittlerer bis schwacher Hitze in etwa 10 Min. knusprig braten. Die Rösti auf Teller gleiten lassen. Restliches Schmalz in die Pfannen geben, die Rösti umgedreht in die Pfannen stürzen und in weiteren 10 Min. fertig braten.

4 Den Käse zerbröckeln, unter den Rotkohl mischen und schmelzen lassen. Zu den heißen Rösti servieren.

oben: Älplermagronen | unten: Rösti mit Rotkohlgemüse

Klassiker aus Italien | lässt sich gut vorbereiten

Kartoffel-Gnocchi mit Kalbssugo

Die beliebte Spezialität hier mal ein bisschen anders – die Gnocchi werden kleiner geformt und kommen mit einem edlen Sugo aus Kalbfleisch und Safran auf den Tisch.

Für die Gnocchi
800 g vorwiegend festkochende Kartoffeln | Salz
etwa 275 g Mehl aus Hartweizengrieß (gibt es im italienischen Feinkostladen, ersatzweise Mehl und Grieß zu gleichen Teilen mischen)
1 Ei (Größe S)
Für den Sugo
1 Döschen Safranfäden (0,1 g)
150 ml trockener Weißwein
500 g Kalbfleisch zum Schmoren
(z.B. aus der Schulter oder Keule)
2 Knoblauchzehen | 2 Schalotten
4 Zweige Thymian | 300 g Tomaten
1 EL Butter | 1 EL Olivenöl
Salz | Pfeffer | 1 Prise Zimtpulver

Für 4 Personen | 1 Std. 30 Min. Zubereitung
1 Std. Trocknen und Schmoren
Pro Portion ca. 560 kcal, 39 g EW, 9 g F, 75 g KH

1 Die Kartoffeln waschen und ungeschält in Salzwasser zugedeckt bei mittlerer Hitze in 20–30 Min. weich kochen. Abgießen, kurz ausdampfen lassen, dann pellen und durch die Kartoffelpresse drücken. Abkühlen lassen.

2 Das Mehl mit dem Ei und 1 gehäuften TL Salz zu den Kartoffeln geben und alles rasch zu einem geschmeidigen Teig verkneten. Er soll weich sein, darf aber nicht an den Fingern kleben. Bei Bedarf noch Mehl dazugeben.

3 Aus dem Teig auf der bemehlten Arbeitsfläche etwa 1 cm dicke Rollen formen (Bild 1). Mit dem Messer gut 1 cm lange Stücke abschneiden. Ein Küchentuch mit Mehl bestreuen, Gnocchi darauf wenden und mindestens 1 Std. trocknen lassen (ein paar Std. sind sogar noch besser).

4 Für den Sugo den Safran zwischen den Fingern zerreiben, mit dem Wein mischen. Stehenlassen, bis sich der Wein gelb färbt (Bild 2). Fleisch sehr klein würfeln. Knoblauch und Schalotten schälen und fein hacken. Thymian waschen und trockenschütteln, Blättchen abstreifen. Tomaten waschen oder häuten und sehr klein würfeln, dabei Stielansätze wegschneiden.

5 Butter und Öl in einem Schmortopf erhitzen. Schalotten, Knoblauch und den Thymian darin andünsten. Das Fleisch dazugeben und mitbraten, bis es nicht mehr rot ist. Safranwein und Tomaten untermischen, mit Salz, Pfeffer und Zimt würzen und den Sugo zugedeckt bei schwacher Hitze etwa 1 Std. schmoren.

6 Für die Gnocchi reichlich Wasser mit Salz aufkochen. Gnocchi einlegen und bei schwacher bis mittlerer Hitze etwa 5 Min. leise sieden lassen, bis sie an die Oberfläche steigen. Mit einem Schaumlöffel aus dem Wasser heben, in eine vorgewärmte Schüssel geben und mit dem Sugo mischen. Kurz ziehen lassen, dann sofort servieren (Bild 3).

1

2

3

aus Indien | vegetarisch

Kartoffel-Curry mit Mohn

In einer leicht säuerlichen Joghurtsauce geschmort, sind diese wunderbar würzigen Kartoffeln ein echtes Highlight der fleischlosen indischen Küche.

700 g festkochende Kartoffeln
1 Bund Frühlingszwiebeln
250 g Brokkoliröschen
3 Tomaten
1 Stück frischer Ingwer (etwa 3 cm)
2 rote Chilischoten
3 EL Butter
1 EL Madras-Currypulver
½ TL Zimtpulver
250 g Joghurt
Salz
3 EL Mohnsamen

Für 4 Personen
25 Min. Zubereitung | 25 Min. Schmoren
Pro Portion ca. 265 kcal, 10 g EW, 12 g F, 29 g KH

1 Die Kartoffeln schälen, waschen und in 2 cm große Würfel schneiden. Die Frühlingszwiebeln waschen, putzen und mit dem knackigen Grün in 2 cm lange Stücke schneiden. Brokkoli waschen. Tomaten mit kochend heißem Wasser überbrühen, kurz ziehen lassen, abschrecken und häuten. Die Tomaten in kleine Würfel schneiden, dabei die Stielansätze wegschneiden.

2 Den Ingwer schälen und erst in dünne Scheiben, dann in feine Streifen schneiden. Die Chilischoten waschen, entstielen und samt den Kernen in feine Ringe schneiden.

3 In einem Schmortopf 2 EL Butter erhitzen. Die Kartoffeln und den Brokkoli einrühren und unter Rühren bei mittlerer Hitze 2–3 Min. braten. Frühlingszwiebeln, Ingwer und Chili dazugeben, alles weitere 1–2 Min. braten. Das Currypulver darüberstäuben und kurz anbraten. Tomaten, Zimt, Joghurt und ⅛ l Wasser dazugeben. Curry salzen und zugedeckt bei schwacher Hitze 20–25 Min. schmoren, bis die Kartoffeln bissfest sind.

4 Restliche Butter in einem Pfännchen zerlassen, Mohn darin unter Rühren anrösten, bis er duftet. Curry abschmecken, mit Mohn bestreut servieren.

VARIANTE – ORIENTALISCHE KARTOFFELN

800 g festkochende Kartoffeln schälen, waschen und knapp 2 cm groß würfeln. 2 Zwiebeln und 4 Knoblauchzehen schälen und mit 1 getrockneten Chilischote fein hacken. 1 Bund Koriandergrün waschen, trockenschütteln und die Blättchen fein hacken, 1 EL beiseitestellen. Kartoffeln in 3 EL Olivenöl bei mittlerer Hitze etwa 10 Min. braten, bis sie fast weich sind. Zwiebelmischung und Koriander dazugeben, weitere 5 Min. braten. Mit 1 EL Olivenöl mischen und mit je 1 gehäuften TL gemahlenem Kreuzkümmel, Koriander und Ras-el-hanout sowie Salz würzen. Mit 1 EL Zitronensaft abschmecken und mit dem übrigen Koriander bestreut servieren. Schmeckt gut zu Lammhackbällchen oder Lammkoteletts.

UND DAZU?

Mit indischem Fladenbrot oder Basmatireis und eventuell einem Chutney (aus dem Glas) schmecken lassen.

Zum Gebrauch
Damit Sie Rezepte mit bestimmten Zutaten noch schneller finden können, stehen in diesem Register zusätzlich auch beliebte Zutaten wie **Hähnchen** oder **Käse** – ebenfalls alphabetisch geordnet und **hervorgehoben** – über den entsprechenden Rezepten.

A/B/C/D

E/F/G

H/I/J

K

L/M/N

O/P/Q

R

S/T

W/Z

Unsere Garantie

Alle Informationen in diesem Ratgeber sind sorgfältig und gewissenhaft geprüft. Sollte dennoch einmal ein Fehler enthalten sein, schicken Sie uns das Buch mit dem entsprechenden Hinweis an unseren Leserservice zurück. Wir tauschen Ihnen den GU-Ratgeber gegen einen anderen zum gleichen oder ähnlichen Thema um.

Liebe Leserin und lieber Leser,

wir freuen uns, dass Sie sich für ein GU-Buch entschieden haben. Mit Ihrem Kauf setzen Sie auf die Qualität, Kompetenz und Aktualität unserer Ratgeber. Dafür sagen wir Danke! Wir wollen als führender Ratgeberverlag noch besser werden. Daher ist uns Ihre Meinung wichtig. Bitte senden Sie uns Ihre Anregungen, Ihre Kritik oder Ihr Lob zu unseren Büchern. Haben Sie Fragen oder benötigen Sie weiteren Rat zum Thema? Wir freuen uns auf Ihre Nachricht!

Wir sind für Sie da!
Montag – Donnerstag: 8.00 – 18.00 Uhr;
Freitag: 8.00 – 16.00 Uhr
Tel.: 0180 - 500 50 54*
Fax: 0180 - 501 20 54*
*(0,14 €/Min. aus dem dt. Festnetz/ Mobilfunkpreise maximal 0,42 €/Min.)
E-Mail:
leserservice@graefe-und-unzer.de

PS: Wollen Sie noch mehr Aktuelles von GU wissen, dann abonnieren Sie doch unseren kostenlosen GU-Online-Newsletter und/oder unsere kostenlosen Kundenmagazine.

GRÄFE UND UNZER VERLAG
Leserservice
Postfach 86 03 13
81630 München

Projektleitung: Sigrid Burghard
Lektorat und Satz: Redaktionsbüro Christina Kempe, München
Korrektorat: Petra Bachmann
Layout, Typografie und Umschlaggestaltung: independent Medien-Design, Horst Moser, München
Herstellung: Claudia Labahn
Reproduktion: Repro Ludwig, Zell am See
Druck: Firmengruppe APPL, aprinta druck, Wemding
Bindung: Firmengruppe APPL, sellier druck, Freising

ISBN 978-3-8338-1000-8

5. Auflage 2012

Umwelthinweis:

Dieses Buch ist auf PEFC-zertifiziertem Papier aus nachhaltiger Waldwirtschaft gedruckt.

GRÄFE UND UNZER

Ein Unternehmen der
GANSKE VERLAGSGRUPPE

Die Autorin

Cornelia Schinharl hat ihre Liebe zu den kulinarischen Genüssen zum Beruf gemacht. Seit vielen Jahren bringt sie ihren Erfahrungsschatz als freie Food-Journalistin und Kochbuchautorin zu Papier und hat dafür schon mehrere Auszeichnungen bekommen, unter anderem Silbermedaillen der Gastronomischen Akademie und zwei World Cookbook Awards. Ihr besonderes Interesse gilt der modernen unkomplizierten Küche. Für dieses Buch hat sie schnelle Gerichte für jeden Tag sowie festliche für besondere Gelegenheiten entwickelt.

Der Fotograf

Jörn Rynio zählt zu seinen Auftraggebern internationale Zeitschriften, namhafte Buchverlage und Werbeagenturen. Mit einer großen Portion Kreativität und appetitanregendem Styling setzt der Hamburger Fotograf Food-Spezialitäten aus aller Welt stimmungsvoll in Szene. Tatkräftig unterstützt wird er dabei von seinen Stylistinnen Petra Speckmann (Food) und Michaela Suchy (Requisite).

Bildnachweis:

Titelfoto und alle anderen:
Jörn Rynio, Hamburg

Syndication: www.jalag-syndication.de

Titelbildrezept:

Folienkartoffeln mit Radieschenquark, Seite 21

Appetit auf mehr?

ISBN 978-3-8338-0309-3

ISBN 978-3-8338-0864-7

ISBN 978-3-8338-1883-7

ISBN 978-3-8338-1432-7

ISBN 978-3-8338-1433-4

ISBN 978-3-8338-0329-1

www.gu.de: Blättern Sie in unseren Büchern, entdecken Sie wertvolle Hintergrundinformationen sowie unsere Neuerscheinungen.

GU

Willkommen im Leben.

Feines zu Pellkartoffeln, Ofenkartoffeln & Co.

Kräutercreme mit Zwiebelgrün Das Grün von 1 Bund Frühlingszwiebeln abschneiden, waschen und in feine Ringe schneiden (die Zwiebeln anderweitig verwenden). 1 Bund gemischte Kräuter (z. B. für Grüne Sauce) waschen, trockenschütteln und die Blättchen fein schneiden. 100 g gekochten Schinken ohne Fett würfeln. Alles mit 300 g Crème fraîche oder Schmant, 300 g festem Joghurt oder saurer Sahne und 2 TL Olivenöl verrühren. Mit Salz, Pfeffer und 1 TL edelsüßem Paprikapulver würzen.

Creme

Tatar

Rote-Bete-Feta-Tatar 2 gegarte Rote Bete (etwa 250 g, vakuumverpackt) sehr fein hacken. ½ Bund Dill waschen, trockenschütteln und die Spitzen mit 2 Gewürzgurken fein schneiden. 200 g Schafkäse klein krümeln. Alles mit 250 g saurer Sahne, 1 EL Preiselbeeren (aus dem Glas) und 1 TL scharfem Senf verrühren. Mit Salz und Pfeffer und 1 Prise gemahlenem Kümmel würzen.

Quark

Apfel-Meerrettich-Quark 2 Äpfel vierteln, schälen, entkernen, fein würfeln oder raspeln und 1 EL Zitronensaft unterrühren. Mit 1 Bund Schnittlauch in Röllchen, 500 g Quark und 3 EL saurer Sahne verrühren. 3 cm frische Meerrettichwurzel schälen, dazureiben. Mit 2 TL Apfeldicksaft und Salz würzen.